이브의 정체성

차례
Contents

인식대상으로서의 일본, 일본인

'심정적 차원'에서 형성된 '일본상'의 극복

우리사회에서 일본·일본인·일본사회를 생각할 때 우선 떠올리는 이미지는 대체로 비슷하다. 정직하고 성실하며 겸손하고 근면한 민족이라는 긍정적인 측면이 있는가 하면, 이중적이고 배타적이며 폐쇄적이고 자기중심적인 집단주의 문화를 갖고 있다는 부정적인 측면도 있다. 또 모방을 통한 창조력이 매우 뛰어난 민족인가 하면, 국수주의적이며 대외팽창적인 성향도 갖고 있는 위험한 나라라는 이미지도 따라 다닌다. 필자가 학생들을 비롯해 기업관계자나 일반인들을 대상으로 조사해보아도 거의 이러한 인식에서 크게 벗어나지 않는다. 요컨대 배울 점이 많은 나라임에는 틀림없지만 그렇다고 존경할 만한 나라는 아니며, 때로는 위험한 나라이기도 하다는 것이 일본에 대한 우리사회의 일반적인 정서인 것이다.

이러한 정서 일반은 다른 외국인들의 경우도 비교적 동의하고 있는 사실인 듯지만, 문제는 우리의 일반적인 대일인식이 비교적 정확한 분석을 바탕으로 한 '일본상인가 하는 점이다. 예를 들면, 근면하고 겸손한 민족이 어떻게 배타적이고 대외팽창적인 매우 상반된 문화구조를 형성하고 있는가, 또는 경제적인 측면에서 보면 일본은 비서구 사회에서 '근대화'에 성공한 유일한 나라이고, 동시에 일본의 '전통적 가치관'을 온존하면서 이를 적극적으로 활용하여 산업화에 성공한 유일무이한 나라이지만, 이에 대해 우리는 얼마나 깊이 있게 지속적으로 연구해왔으며 아울러 얼마나 분석된 결과를 축적하고 있는가에 대한 의문 등이 그것이다.

서구의 연구자들은 이 같은 과제들에 대해 많은 연구를 거듭하며 일본문화의 실체파악에 주력해왔다. 하지만 정작 가장 심도 있게 분석해야 할 우리는 이런 부분에 대해 그저 '심정적 차원'에서 이해하는 데 그치는 우를 범하고 말았다. 이것이 어쩌면 현재 우리의 '대일인식'의 전부일지도 모른다. 일본·일본인·일본사회에 대해 우리가 반드시 인식해야 할 과제들에 대해 그동안 우리의 논자들이 결코 손을 놓고 있었던 것은 아니었으나, 나름대로의 노력에도 불구하고 그에 대한 실체적 접근이 쉽게 이루어지지 않았던 것은 아쉽지만 사실로 받아들이고 자기반성을 해야 한다. 바로 이런 부분들에 대한 우리 내부의 공감대가 자연스럽게 형성될 때, 향후 우리가 인식해야 할 일본과 일본인, 그리고 일본사회의 참모습이 제대로 설정될 수 있을 것이고 동시에 그에 제대로 대응할 수 있는 우리의 힘도 축적될 것이다.

그렇다면 일본·일본인·일본사회의 모습을 올바르게 인식하기 위한 이러한 과제들에 대해 어떠한 방법으로 접근하는 것이 좋을까? 다양한 해법이 제기될 수 있겠지만, 먼저 그 전제로서 일본인의 토착적인 사상이나 생활, 사회나 문화의 실상 등을 역사적 관점에서 구체적으로 이해해야 하는 것이 우선시된다. 그러므로 일본국민생활의 기층에 집적되어 있는 민간신앙이나 전통사상, 그리고 공동체의식의 실태를 해명하고자 하는 노력이 필요할 것이다. 이를 실현시키기 위한 연구방법론으로는 흔히 민속학이나 사회학적 기법에 의한 접근이 유효할 수 있겠으나, 그와 함께 민중들의 전승적 세계관이나 전통적 가치체계, 그리고 지배계급의 이데올로기의 특성 같은 것을 역사와 문화적 전통이라는 관점에서 분석하고자 하는 문제의식도 동시에 검토되어야 한다.

이에 필자는 이 책의 중점을, 일본인의 행동양식의 특징과 토착적인 사상 및 그에 근거하여 형성되어온 일본사회의 문화적 전통의 실체, 그리고 이를 토대로 구축된 지배계급의 이데올로기의 특성 등을 '독립적 분석'이 아닌 '내재적 일관성'이라는 관점에서 연속적으로 분석하여 일본의 정체성을 체계적으로 이해하는 데 두고자 한다.

우리가 인식해야 할 '일본적 가치'들

구체적으로는 우선 일본인의 행동양식의 특징이다. 이에 대해 필자는 근면, 검약, 정직, 효행, 화합이라고 하는 일본인들의 '전통적인 모럴=통속도덕'의 실천윤리에 주목해보고자 한다.

통속도덕의 가치는 일본인들의 전통적인 일상생활의 실천윤리로서 개인이나 집단을 포함해 기업경영에까지 기본적으로 강하게 요구되고 있는 도덕률이다. 조그마한 가게에서도 주인이 반드시 금고를 지키고 있는 모습이 우리의 일반적인 정서라고 한다면, 대부분의 가게주인들이 종업원을 신뢰하며 금고를 맡기고 있는 것은 일본인들의 일반적인 정서이다. 이는 근면과 정직이라는 행동양식이 자연스럽게 일본사회에서 상호신뢰의 문화를 구축하고 있기에 가능한 일이다.

일본사회에서 기본적으로 요구되는 도덕성은 기업의 경우도 예외가 없다. 수년 전의 유키지루시[雪印]나 니혼햄 등의 사례처럼, 상한 음식이나 원산지 위조와 같은 부정한 식품을 진열하여 소비자의 클레임을 초래한 대기업들이 한순간에 소비자들로부터 외면을 받으며 시장에서 퇴출되는 예는 이미 여러 기업들이 겪어왔다. 일본의 대표적인 자동차 메이커인 미츠비시자동차가 기업존폐의 기로에 서게 된 것도 기업경영에 있어서의 도덕성의 상실이 결정적인 영향을 미친 경우이다.

그만큼 일본사회에서는 개인과 개인과의 관계, 개인과 집단과의 관계, 집단과 집단과의 관계를 포함한 모든 관계성의 문화에서 근면, 정직, 화합이라는 전통적 실천윤리가 기본적으로 요구되고 있다.

여기서부터 일본적 집단주의 문화의 기반과 특징이 형성된다. 일본의 집단주의 문화에는 상호신뢰를 전제로 하는 이심전심의 커뮤니케이션문화가 정착되어 있다. 일반조직의 경우만 보더라도 근면, 정직을 바탕으로 성실하게 노력하면 반드시 그에 대한 대가가 보장될 뿐만 아니라, 그로 인해 조직이 발전하고 조직의 발전이 나의 안녕을 보장하는 근본이 된다는 인식이 기본적으로 일본의 조직문화의 저변에 깔려 있다. 일본적 경영의 근간을 이루고 있는 종신고용제나 연공서열제가 오랫동안 일본사회에서 위력을 발휘하면서 일본기업문화의 전통으로 이어지고 있는 것도 바로 이러한 정서가 뒷받침되고 있기 때문에 가능한 것이다.

이러한 정서는 자연스럽게 화합을 강조하는 풍토를 조성하게 된다. 그동안 일본의 기업사회에서 발탁인사를 경원시하고 40대의 경영자가 출현하기 어려웠던 이유는 바로 조직의 화합을 깨뜨리지 않으려는 일본인들의 정서가 일본사회의 보편적 가치로 자리 잡고 있었기 때문이다. 그러다보니 미국보다 경영자의 평균연령이 10세나 높게 나타나고, 미국에서는 퇴임할 나이에 일본에서는 경영자가 되는 현실이 지금까지도 이어지고 있는 것이다.

집단주의 문화를 떠받치고 있는 '화(和)'의 정서는 음식을 포함한 일상문화에도 반영되어 있다. 일본음식은 와쇼쿠[和食]이고 일본식 소스는 와후[和風]이며, 일본전통의상은 와후쿠[和服]이고 다다미로 된 일본식 방은 와시츠[和室]이다. 단순히 일본의 것이기 때문에 '화'를 붙여 쓰는 것이 아니라 이 단어에는 일본인들의 정서와 사상이 배어 있기 때문에 그들이 즐겨 쓰고 있는 것이다. 그러다보니 '화'를 해치는 개인의 돌출적인 행동양식을 그들은 극단적으로 싫어하고 또 그에 대한 제재 또한 집단적이라는 특징을 갖고 있다. 전술한 통속도덕의 실천윤리로부터 벗어나는 행동을 개개인이 했을 때 마을 공동체가 가차 없이 제재를 가하는 행위 등이(그러한 제재양식이 일본의 공동체사회에서는 무라하치부[村八分]라는 이름으로 전해 내려져 오고 있을 정도이다) 대표적인 사례이고, 이러한 행동양식은 오늘날까지도 일본사회의 보편적인 관행으로 계승되고 있다.

그런데 이 '화'의 정신은 단순히 화합의 행동양식만을 정당화하고 있는 것이 아니라 일본인들의 끊임없는 도전정신을 낳게 하는 일본적 가치의 핵심 중의 하나이기도 하다. 화혼양재(和魂洋才)의 정신이라는 것이 바로 그런 것이다. 예를 들어 구미제국의 기독교사상이 유입될 때 이에 대해 "극단적인 위화감, 무이해, 거절반응을 표하면서도 그것이 가르쳐준 대립적 자연관의 소산이라고 할 수 있는 기계기술문명, 의식주 등에는 강하게 매료되어, 마음은 일본풍[和風]으로, 그러나 생활양식이나 사상은 서양식[洋風]으로 이상화되어 버렸다."는 지적을 보더라도, 일본인들의 도전과 적응의 정서가 어떠한 형태로 나타나고 있는가를 정확히 이해할 수 있을 것이다(木村尚三郎, 『화혼화재의 권장』).

통속도덕을 전제로 하는 공동체의 생활양식과 이에 근거하는 집단주의 문화의 전통은 조직이나 국가의 통합을 용이하게 하는 획일적 이데올로기의 확립에도 적극적으로 공헌하고 있다. 그 대표적인 사례가 막말유신기의 천황대망론이다. 특히 19세기에 접어들어 내우외환이라는 난국을 극복하고 새로운 근대국가의 창출을 선도할 지배이념으로 천황제 이데올로기를 확립한 이후에, 천황은 언제나 국가지배체제의 정점에 군림하면서 일본인들의 정신사적 영역을 완전히 장악해왔다. 그것이 가능했던 배경은 마루야마 마사오[丸山眞男] 교수가 『일본의 사상』에서도 지적하고 있는 것처럼, 지배이데올로기의 하강을 용이하게 하는 공동체의 정서가 이미 저변에 형성되어 있었다는 사실과 무관하지 않다. 그 연장선상에서 근대일본의 '기축(機軸)'으로서의 '국체(國體)'사상의 창출이 가능했던 것이다.

비록 천황의 지위가 패전 이후에는 '상징천황제'로 전환되면서 지배계급에 의한 이데올로기화가 다소 퇴색한 것은 사실이지만, 일본인들의 의식세계에 내재하고 있는 관념적 숭배사상은 조금도 변하지 않고 있는 것이 현실이다. 이러한 정서 일반이 오늘날 일본사회의 우경화현상을 용인하는 근원(根源)

중의 하나임은 두말할 나위도 없다. 일본사회에서 보수세력이 주도하는 우경화 경향에 대해 아시아제국, 특히 한국과 중국이 줄곧 우려를 표명해왔음에도 불구하고 그것을 오히려 '내정간섭'이라고 비난하면서까지 강화하고 있는 이면에는 일본의 역사 속에서 체제 강화와 지배이데올로기로서의 정통성을 확보하고 있는 천황제 이데올로기의 존재와 결코 무관하지 않다는 특징이 있다.

이렇게 보면 우리가 이해하고 설정해야 할 일본·일본인·일본사회의 모습이 결코 간단하지 않다는 것을 느낄 수 있을 것이다. 이 책은 바로 이러한 과제에 대한 인식이 제대로 이루어져야 한다는 명제에서부터 출발했다.

일본인의 사유양식

　　일본의 오디오 전문업체인 캔우드는 수년 전 말레이시아 내의 CD플레이어 생산공장을 일본의 지방으로 다시 옮기는 '인소싱'전략을 채택했다. 결과는 매우 성공적이었다. 일본공장에서 일하는 근로자들은 말레이시아 직원들과는 달리 우선 이직률이 매우 낮았고 기술력이 뛰어났다. 말레이시아 근로자들이 한 번에 한 가지 부품을 조립하는 시간에 일본 근로자들은 4-5가지 부품을 조립했다. 생산성은 올라가고 품질은 개선되었다. 공장면적은 70%나 줄었고 결함률은 80%나 떨어졌다(「동아일보」, 2004.4.13).

　　이것은 양국 근로자들의 노동윤리가 어느 정도의 차이를 보이고 있는가를 가늠할 수 있는 한 예에 지나지 않지만, 이직

률이나 생산성의 문제는 경제발전에서 가장 기본이 되는 요인임과 동시에 바로 그 나라의 국민성을 대변하는 것이라는 점에서 예의 주시할 필요가 있다. 요컨대 '삶의 양식으로서의 노동'에 대한 일본인들의 인식 자체는 타국의 그것과 근본적으로 다르다는 것이다. 일본의 고도경제성장 이후 국제사회는 이 점에 끊임없이 주목하였지만, 사실 일본인들은 자신들의 전통적인 행동양식을 오늘날까지 그대로 계승하고 있을 뿐이다.

근대화의 물결과 산촌마을의 자기근대화

도쿄 주변의 현(縣) 가운데 사이타마[埼玉]라는 현이 있다. 이 곳은 지금도 농지가 협소하고 산세가 험한 곳으로 유명하다. 그래서 예부터 이 지역의 농민들은 잡곡이나 양잠을 주로 생산하며 생활을 영위해왔다. 그중에서도 북쪽에 위치한 지치부[秩父] 지역은 유난히 산세가 험하고 경작면적이 적은데다 냉해나 한발마저 심하여 지역민의 생활이 매우 어려웠다. 이런 지형적 한계를 극복하기 위해 산간벽지의 지역민들은 무언가 부업을 열심히 하지 않으면 안 되었다. 그래서 그나마 토양에 적합한 양잠, 제사(製糸), 견직(絹織) 등을 생산하며 생활해왔다. 다른 어느 지역보다도 그러한 환경의 역사가 깊었던 덕분에 양잠업에 관한 지치부 농민들의 애정과 축적된 기술적 노하우는 당연히 다른 지역을 압도할 수밖에 없었다. 세상 사람들은 그 명성을 인정하고 지치부에서 생산된 생견(生絹)을

'지치부견'이라 부르며 최고로 간주하기 시작했다.

자연환경을 극복하며 '생사(生絲)의 고향'으로 일본전역에 이름을 날린 지치부 농민들의 개척정신은 여기서 그치지 않았다. 미국을 비롯한 구미열강이 일본의 강제개항을 실현한 이후에는 생사수출의 급증과 함께 더욱더 명성을 드높여갔다. 특히 요코하마를 중심으로 일본의 해외무역이 증폭하는 가운데 생사가 전체수출품의 49%를 차지할 정도로(1860년 수출기준) 주력 수출산업으로 떠오르자, 지치부 지역을 포함한 간토 일대의 양잠지역민들은 양잠·제사업의 생산기반을 근대화하는 노력에 박차를 가하기 시작했다.

이 무렵에는 신정부도 당시 일본인들이 "생사의 품질은 고려하지 않고 단지 많이 생산하여 그것을 외국에 팔아서 이익을 남기는 데만 급급할 뿐, 생사의 제조법에는 주의를 기울이지 않는" 현실을 어떻게든 타파할 필요성이 있다는 인식을 갖고 있었다(시부자와 게이조, 『명치문화사·사회경제편』). 그래서 구미의 기계와 기술을 도입하여 관영모범공장을 만들고 외국인 기술자를 초빙하여 민간의 생산능력을 기계제 생산의 수준으로까지 향상시키려는 노력을 솔선수범하여 전개하고 있던 터였다. 이런 정부의 적극적인 식산흥업정책은 군 당국과 지역민들의 의욕을 자극시키기에 충분했고, 그 여파는 산간벽지의 산촌마을에까지 산업화의 흐름에 앞장서게 만드는 결과를 가져왔다.

지역의 자본가들은 이탈리아와 프랑스로부터 근대기계식

생산체제를 도입하는 데 앞장섰으며, 지역민들은 정부가 초빙한 구미의 기술자로부터 집단적으로 생산기술을 배우는 데 주저하지 않았다. 또 지역의 유지들은 근대적 설비를 갖춘 생산공장의 건설을 위해 당국의 지원을 요청하거나 지역민들끼리 공동의 자금을 모금하고 운영하기 위한 조합의 결성 등에 동분서주했다. 생산기반의 기술적 개량뿐만 아니라 생산관리와 판매에 이르기까지 지역전체가 자발적인 노력을 통해 시대의 변화를 도모해 간 것이다. 이러한 자신들의 노력을 지치부 지역민들은 "무릇 부(富)는 사람의 열정과 배움에 의해 얻어지는 바, 근래의 다양한 생산회사가 설립되어 경쟁하는 것은 모두 국가의 이익을 꾀하는 것"(『사이타마현사·자료편 21』)이라고 자평하면서 지역의 발전과 자기근대화에의 열정을 불태워갔다.

일개 산간벽지마을의 자기근대화에의 노력과 메이지[明治] 정부의 식산흥업정책의 조화로운 성과는, 지치부를 비롯한 관동 일대의 양잠·제사업의 수준을 근대일본의 대표적인 수출산업으로 부상시키는 결과를 가져왔고, 나아가 "이탈리아·프랑스·중국(청)으로 대표되는 생사생산·수출국과의 경쟁"(石井寬治, 『일본잠사업사 분석』)을 가능하게 만드는 데 결정적인 공헌을 하였다. 지역의 경제와 양잠·제사업은 나날이 발전했고, 지역민들의 경제동향에 대한 인식과 문화수준도 급격히 향상되었으며, 각종 문화행사도 활발하게 개최되기 시작했다. 일본의 대표적인 민속학자인 야나기다 구니오[柳田國男]가 생산능력의 변화가 문화행사나 연중행사에 미치는 영향이 가장 컸던 예로 메이지시대의 양잠업의 성장을 언급했듯이(『명치문화사·풍속편』), 희망과 자신감으로 충만한 지치부 지역의 자기개혁의 실태는, 마치 메이지정부의 대표적인 '근대화'에의 성공사례로 간주해도 손색이 없을 만큼 단기간에 이루어진 결과였다.

지치부 지역의 산업화와 자기혁신의 성과는 농민들의 일상생활에도 활력과 근대화의 바람을 몰고 왔다. 지역사회의 양잠·제사업에 종사하고 있던 대부분의 농가들은 "미증유의 부를 이룩하여 중등 이상의 사람은 집을 새로 짓고 의식주에 풍부하여 모두가 행복한"(『사이타마현사·자료편 21』) 삶에 도취되어 있었고, 여성들의 화려한 의복이나 양잠을 위한 집의 개축 열기는 지치부를 포함한 관동 지역 양잠농가의 일반적인 현상으로 크게 주목받을 정도였다(『명치문화사·풍속편』).

산촌마을의 피폐와 통속도덕의 실천

그러나 1880년경부터 시작된 경기불황과 디플레이션의 확대는 화폐유통의 단절과 함께 일본전역을 '사해곤궁(四海困窮)'의 상태로 몰아가며 심각한 사회·경제적 위기상황을 초래했다. 인플레를 잡기 위한 정부의 강력한 디플레이션 정책이 위력을 발휘하면서 민중들의 궁핍화는 깊어져만 갔고, 지가하락과 급격한 물가변동으로 인한 전국농촌의 피폐상은 하루가 멀다 하고 언론지면을 장식했다. "세상이 어떻게 되든 하루세 번 먹을 수 있는 쌀만 있으면 원도 한도 없다."(「東京日日新聞」, 1880.12.6)는 민중들의 한탄이 시대의 황폐함을 대변하고 있듯이, 전국도처에서 불경기로 인한 궁민(窮民)들의 탄성은 그칠 줄을 몰랐다. 전국의 민심을 뒤흔들어놓은 불황의 여파는 지치부의 산촌에도 직격탄을 날려, 소위 "지치부의 농산물, 목재, 견직물 등과 같은 것을 구매하려는 움직임이 전무"한 실정이 되어버렸다(『사이타마현사·자료편 21』).

이로 인해 지역경제의 근간이었던 생사의 판매가 급격히 줄어들었다. 가격은 일제히 급락했고 각 가정의 부채는 눈덩이처럼 불어났으며, 양잠가계는 모두 파산상태에 직면했다. 저당 잡힌 지가가 폭락하여 토지나 가옥을 팽개치고 야반도주하는 농가도 속출했다. 모두가 불과 2, 3년 사이에 일어난 혼란이었다. 사회경제정세의 급격한 변동에 휘말린 농민들은 우선 지역의 각종 문화행사부터 중지하며 대책마련에 착수했다. 경제활황기에 이루어졌던 모든 이벤트성 행사는 물론이고 결혼이나 불사(仏事)의 행사마저 대부분 중단했다. 그 대신 일상에서 '절검(節儉)과 근로(勤勞)'를 강조하는 제 규칙들은 빠르게 각 마을에 전파되었다. 난국타개를 위한 움직임에는 호장(戸長)을 중심으로 한 마을의 지도층 인사들이 적극적으로 앞장섰다. 그 무렵의 자료들을 보면 이것은 지치부 지역뿐만 아니라, 당시 경제위기에 직면한 관동지방 일대에서는 극히 보편적으로 나타난 현상이었다.

요컨대 각 마을이 지역의 궁핍을 탈피하고 질서를 유지하기 위한 방편으로 근로와 절검, 인내와 협력에 바탕을 둔 '절검법'을 강조하며 위기타개를 시도한 것이다. 촌민들은 모두가 이를 진지하게 받아들였고 적극적으로 실천하기 위해 노력했다. 즉, '자기단련'을 사회경제의 왜곡 및 그 한계를 극복하려는 출발점으로 정한 것이다. 이것은 이른바 통속도덕이라고 하는 일본인들의 전통적인 생활·노동윤리, 그리고 그에 기초하고 있는 청빈사상 등이 위기적 상황에서 민중들의 강력한 내면의 에너지로 분출되기 시작했음을 의미한다. 일반 민중들의 이러한 행동양식은 근대일본을 관통한 일관된 생활규율이었다.

1900년대 일본이 제국주의 전쟁에 합류하기 시작하면서 일본의 사회는 도시와 농촌 모두가 어려움에 직면하게 된다. 이런 사태를 초래하게 된 배경을 이로카와 다이키치[色川大吉] 교수는 동양의 고대정치사상인 '성현의 가르침'에 의거하여 일본인을 속박하고 있는 천황제의 지배체제의 모순으로 돌리면서(그는 '천황제의 죄'로 규정하고 있다), 이 무렵의 일본농촌의 모습을 흉작, 기아, 도산, 발광, 야반도주, 자살, 결핵, 아사(餓死) 등으로 규정하고 있다(『명치의 문화』). 이런 상황에서도 일본인들은 예를 들면, 도시의 하층민만 하더라도 '근대가족'을 이상으로 하여 생활수준을 향상시키면서 자신들의 생활구조를 능동적으로 개조해가려는 노력을 게을리 하지 않았다. 민중들의 근대가족형성에의 원망(願望)이 결과적으로는 국가에 대한 생활보장의 요구로 이어지고, 이것이 근대일본의 국민국가 형성과정에서 결국 국가권력을 저변에서 떠받치는 하나의 요인으로 작용한 부작용도 무시할 수는 없지만, 어쨌든 근본적으로 위기적 상황을 능동적으로 극복하려고 하는 일본인들의 행동양식만은 조금도 변하지 않았다.

야스마루 요시오[安丸良夫] 교수는 근세 후기의 제 마을들이 봉건권력의 수탈과 상업고리대자본의 가혹한 수탈로 황폐해져갈 때 사람들이 수립한 생활태도는 근면·검약·화합으로 요약되었다고 하면서, 이러한 통속도덕적인 생활규율은 '일본 민중의 전통적인 생활습관'이자 동시에 '근대사회성립기에 나타난 특유의 의식형태'라고 정의했다(『일본의 근대화와 민중사상』). 그리고 이러한 구체적인 의식형태를 바탕으로 하여 대다수 민중들에 의해 이루어진 '통속도덕의 진지한 자기단련의 실천'이 일본근대화의 원동력이었다는 논지를 전개했다. 야스마루 교수가 주목한 이 실천도덕을 필자가 새로이 조명하고자 하는 이유는, 이제까지 살펴본 것처럼 이것이 바로 민중의식의 자발성에 근거하여 형성된 일본인의 사유양식의 특징이자 전통이기 때문이다.

고전에세이로서 일본인들에게 널리 애독되고 있는 『츠레즈레구사[徒然草]』에는 "세속적인 명예나 지위나 재산에 마음을 빼앗겨 조용하게 생을 즐기지도 못하고, 일생을 괴롭게 살아가는 것이야말로 어리석은 행위(名利に使はれて, 閑かなる暇なく, 一生を苦しむこそ, 愚かなれ)"라는 구절이 있다. 또 세상의 평판을 얻기 위한 학문과 지식은 허무한 것이라 하면서,

참된 인간은 이해득실이나 명예에 집착하지 않고 단지 자신의 마음의 충실함을 추구하는 사람이라는 얘기도 있다. 나카노 고지[中野孝次]는 이러한 '청빈사상'이 중·근세를 통해 일본인의 삶의 방식에 커다란 영향을 미쳤음을 실증적으로 규명하여 독자들의 심금을 울렸다(『청빈의 사상』).

위기를 극복하는 일본인의 전통적인 행동양식 중 하나로 전후 일본의 역사학계가 주목했던 '자력갱생'의 논리도 통속도덕이라는 실천윤리가 있었기에 가능했던 덕목이었다. 평소에는 근면검약의 정신을 바탕으로 청빈사상을 실현시키고, 위기적 상황이 도래하면 절검법이나 자력갱생의 논리로 난국을 타개해 가는 일본인들의 사유양식은 모두 통속도덕의 가치에 기초하여 스스로를 단련하고 생활화해온 일본사회의 전통이자 근대일본을 관통한 생활규율이었고, 또 전후에도 그대로 이어진 의식형태였다.

통속도덕의 전승

1931년의 만주사변으로부터 시작된 일본의 대외침략전쟁은 1945년 8월 15일, 히로히토 천황의 항복선언으로 드디어 막을 내리게 된다. 군부의 최후의 발악으로 인해 히로시마와 나가사키에 두 차례의 원폭이 투하된 직후였다. '국토의 초토화'란 말을 대변이라도 하듯, 산업시설의 파괴와 사회혼란, 패전국으로서의 불안과 초조, 빈곤과 기아로 인한 생존에의 위협 등, 그야말로 한치 앞도 내다보기 어려운 숨막히는 상황이 일본인과 일본사회를 엄습하고 있었다. 그런 일본인들 앞에 미국은 위풍당당하게 입성하여 일본을 지배하기 시작했다.

그러나 미국은 일본인들의 불안과 공포심을 조장하기는커녕, 일본의 전후부흥을 주도하는 강력한 지원세력으로 등장했다. 일본인들은 다시 움직이기 시작했고 일본사회의 괴멸적 상황은 전후부흥이라는 형태로 조금씩 정리되기 시작했다. 전후회복을 위한 국민들의 뜨거운 복구열기는 점령군을 감동시키기에 충분했고, 근로자들의 밤낮을 가리지 않는 투혼은 1960년대의 고도경제성장과 수출대국 일본의 밑거름이 되기 시작했다. 이 무렵 전후부흥의 주역으로 간주된 도시의 샐러리맨들은 '사축(社畜)', '회사인간'이라는 오명까지 뒤집어쓰며 오로지 땀흘려 일하기(一所懸命)에 여념이 없었다. 그 이면에 있었던 것이 바로 일본인들의 전통적인 사유양식인 통속도덕의 덕성이었다. 그리고 이 덕성은 고도성장이 끝나고 오일쇼크에 휩싸이게 되었을 때도 결코 흔들리지 않았다.

국민들은 인내심을 발휘하여 정부의 정책에 적극적으로 동조했고, 일본의 노동조합은 기업의 생산활동이 차질을 빚게 되자 대량실업사태를 우려하여 기업의 합리화에 협력하며 회사제일주의 의식을 강화해갔다. 국민들은 땀흘려 취득한 '마이홈'과 '사생활 행복주의'를 파괴하지 않기 위해 스스로 절제의 미덕을 발휘해갔다. 그 과정에서 나타난 과도한 경쟁체제나 장시간의 노동시간, 단신부임이나 과로사의 횡행, 수험전

쟁이나 가정 붕괴 등과 같은 사회적 부작용도 무시할 수 없는 수준에 이르고 있었지만, 국민들의 협력과 자기단련의 정서는 쉽게 와해되지 않았다. 그로 인해 회사나 조직의 발전만을 위해 충성을 다하는 자기소외의 상태에서 벗어나 인간성을 회복하자는 주장들은 언제나 메아리로 그칠 정도였다.

이렇게 축적된 경험은 1990년대의 국가적 위기상황에서도 예외 없이 발휘되었다. 기업의 지속적인 구조조정과 제조업의 공동화 현상의 가속화로 고용불안이 심각한 사회문제로 떠올라도 격심한 노사대립은 거의 전무한 수준이었고, 제조업신화를 재창조하기 위한 기업과 근로자들의 밤낮 없는 노력 또한 멈출 줄을 몰랐다. 구조조정과 경기불황이 과도한 소비위축으로 이어져 정부가 상품권을 발행하여 국민들에게 나누어주자는 아이디어까지 동원되었어도, 일본인들의 근검한 자기단련 정신과 고통에 대한 인내심은 여전히 위력을 잃지 않았다. 경제적 고통과 세기말의 사회병리현상이 끊임없이 이어져도 통속도덕의 사유양식은 일관되게 그 생명력을 유지하고 있었던 것이다.

근면·검약·화합을 축으로 하는 통속도덕은 사회구조의 왜곡과 그에 대한 비판적 시각의 표출보다는 위기를 극복하기 위한 자기단련의 가치에 보다 더 비중을 두고 있는 사유양식이다. 따라서 광범한 사회비판적 행동양식이 돌출되기 어렵다는 한계를 안고 있고, 화합이라는 이름으로 위로부터의 일체화사상의 하강(下降)을 용이하게 하는 부정적인 측면도 갖고 있다. 일본사회에서 극한적인 대립이 빈번하지 않고 '관리사회'나 '기업사회'의 문화가 비교적 쉽게 형성된 것도 바로 통속도덕의 한계에 기인하는 바가 크다.

하지만 통속도덕의 이런 한계에도 불구하고 "일본인의 근면함을 기업이나 자본이 교묘히 이용하여 엄청난 이윤을 올리고 있다."는 비판이 여전히 설득력을 갖고 있을 만큼(中尾英俊, 『일본사회와 법』), 근면과 자기단련이라는 전통적인 생활규범이 향후 일거에 무너지거나 급변할 가능성은 매우 희박하다. 일본인의 일상을 들여다보면 이러한 규범으로부터 일탈한 행동양식을 보이고 있는 사람들을 회사나 조직이나 지역사회에서 실제로 찾기란 그리 쉽지 않다. 그런 사람은 결코 공동체의 일원으로서 존재할 수가 없기 때문이다. 종신고용제나 연공서열제의 문화적 기반만 하더라도 통속도덕이라는 전통적인 정서가 전제되지 않았더라면 근세에서부터 오늘날까지 이러한 가치가 존속되기는 어려웠을 것이다.

한국의 강남의 30평형 아파트가 한국사회의 중산층의 생활로 알려지면서 그 모델이 일본사회에서 적지 않은 화제를 불러일으킨 적이 있다. 25평 전후의 아파트에 특별한 장식이나 화려한 가구조차 들여놓지 않은 채, 주어진 환경에 만족하며 살아가고 있는 것이 일본사회의 중산층의 모습임을 감안하면 한국아파트의 거실의 화려한 소파만 하더라도 일본인들의 시선을 놀라게 하고도 남음이 있을 것이다. 소유의 욕망을 억제하고 근검의 가치를 추구해온 생활의식은 비단 일본인들만의 전유물은 아니지만, 그런 의식이 여전히 일본인들의 일상적 가치로서 지켜지고 있다는 사실은 중요하다.

우리의 입장에서 보면 경제대국의 생활수준이 왜 이렇게 낮은 것인지, 그 메커니즘을 규명하는 노력을 기울이며 '왜곡된 분배구조를 비하하고 싶은 충동을 느끼고 싶겠지만, 그 이전에 일상에서 추구하는 삶의 가치와 생활규범이 우리의 정서와는 다르다는 사실을 먼저 인식할 필요가 있다. 부의 세습이 어려운 제도적 장치 속에서 열심히 노력하지 않으면 자립할 수 없는 현대일본의 사회적 구조, 여기에 지도층 인사들의 솔선수범과 고령사회의 출현, 이런 요인들이 근면·검약·청빈의 생활규범을 실천해온 일본인들의 전통적인 정서와 맞물리면서 통속도덕의 사유양식은 앞으로도 일본인들의 미래가치의 핵이 될 것이다.

이것을 경제윤리에 접목하면 일본인의 노동윤리의 근간도 간단히 와해되지 않는다는 것을 의미한다. 회사본위주의로부터 탈각하기 위해서라도 '노동'보다는 '일'을 중시하는 가치로 전환되어야 하고, 그래야만 21세기의 희망이 보인다는 주장이 제기되고 있지만(奧村宏, 『사회자본주의는 무너지는가』), 치열한 생존게임을 전개해야 하는 글로벌경쟁체제는 오히려 노동의 '질'을 더 요구하고 있는 것이 현실이다. 결국 통속도덕이라는 강력한 정서에 기초하는 일본인의 노동윤리가 일본의 기업현장에서 그 위력을 발휘하는 한 일본의 제조업은 향후에도 계속 그 저력을 유지해간다는 결론이다.

일본을 만든 정신과 문화

통합과 일체화의 논리

이토 조세이[伊藤長正] 교수는 일본사회의 특징을 논하면서 "동질의 집단으로서 오랜 전통을 갖고 있기 때문에 가치관이 통일되어, 다른 문화가 혼재하는 국가와는 달리 반드시 정확한 표현을 하지 않아도 국민은 서로의 의사를 소통할 수가 있다. 또 일체감 혹은 단결력도 강한 폐쇄사회이다."라고 언급했다(『집단주의의 재발견』). 한마디로 일본사회는 동일한 가치관을 바탕으로 강한 일체감을 형성하고 있는 매우 폐쇄적인 사회라는 것이다.

일본의 사회에서 생활해보면 이토 교수의 말을 실감할 수 있고, 실제 일본의 역사를 되돌아보더라도 내란이나 장기적인 내부혼란으로 인해 국가의 명운이 풍전등화로 치달을 만한 상황이 거의 없었음을 확인할 수 있다. 무사들이 지배하던 전국(戰國)시대에도, 오다 노부나가[織田信長], 도요토미 히데요시[豊臣秀吉], 도쿠가와 이에야스[德川家康]로 이어지는 전국통일과정에서도 극도의 내란으로 치달을 만한 혼란은 없었다. 19세기 중엽 일본이 서구제국주의의 압력과 지배체제의 혼미로 서구열강에 의한 식민지지배의 상황에 직면했을 때도, 그리고 패전 직후 미국의 지배하에 놓여 있을 때도 국가의 미래가 암흑 같은 장기적인 내부혼란은 없었다.

이러한 사실은 그만큼 통합과 일체화의 논리가 일본에서 위력을 떨쳐왔음을 의미한다. 특히 1868년 메이지유신을 통해 근대사회로 이행하는 데 성공한 이후 일본사회의 변화과정에서 발생한 혼란은 길어야 20년 안팎이었다. 예컨대 봉건체제에서 근대국가로의 근본적인 개혁을 이룩하는 데도 기껏 20여 년 정도밖에 걸리지 않았고, 전후의 폐허로부터 사회적 안정을 이룩하는 데도 불과 10여 년밖에 걸리지 않았다. 체제의 변화에 따른 국가와 민중의 대립과 갈등에서도 마찬가지다. 1870년대 중반부터 시작된 자유민권운동도 10년 만에 국가의 일방적인 승리로 끝났고, 1920년대의 대정데모크라시운동이나 전후의 민주화 운동도 불과 수년 만에 억압되어버렸다. 심지어 근대일본의 민중운동사에서 최대의 규모와 최고의 사상적 기반을 갖고 전제(專制)권력에 대항한 1884년의 지치부 민중봉기도 단 일주일 만에 진압되었다.

통합과 저항의 논리에서 항상 지배계급에 의한 통합의 논리가 승리하였고, 민중들에 의한 저항의 논리는 항상 국가의 탄압에 의해 쉽게 굴복되었다. 무릇 역사의 변화를 주도해온 계급은 언제나 권력을 장악하고 있던 지배계급이었으며, 민중들은 그 변화에 일시적인 저항을 하다 결국은 국가권력이 발하는 지배이데올로기를 수용하는 객체로 전락하는 존재에 불과했다. 이것이 일본의 역사였다. 통합의 굴레 속에 스스로를 맡겨온 일본의 피지배계급의 역사는, 종교사상이나 민중들의 광역적인 저항에 의해 역사의 물줄기가 바뀐 우리의 사상·민중운동사와 비교하면 사뭇 다른 모습이 아닐 수 없다.

그 과정에서 일본사회는 통합의 주도세력이 누구이든 기본적으로 갈등과 대립은 있어도 파멸은 피해 가는 사회적 가치관을 자연스럽게 확립하였고, 일본인들도 대세의 흐름에 순응하고 적응하는 지혜를 동시에 역사적으로 교육받았다. 이를 일본사라고 하는 내부적인 관점에서 보면 혼란은 반드시 통합으로 귀결되었고, 통합은 반드시 사상이나 시스템에 의한 일체화(이 과정에서 관리사회가 창출되고 그 폐단이 잉태된다.)로 이어졌으며, 일체화는 어쨌든 일본의 '대외팽창'과 '비상'으로 이어졌다. 메이지 초기의 혼란 이후 강력한 중앙집권적인 국가체제를 이룩하여 근대화에 성공하고 대외침략의 길을 걸은 것이나, 다이쇼[大正]시대의 이단사상을 억압하고 만주사변을 일으킨 이후 그 여세를 몰아 태평양전쟁으로까지 치달은 것,

전후의 좌우대립이나 안보논쟁을 뒤로 하고 고도 경제성장을 이룩한 것, 오일쇼크의 혼란을 극복하고 세계 속의 경제대국으로 부상한 것, 1990년대의 혼미를 극복하고 뉴재팬으로 거듭나고 있는 과정들이 모두 통합과 일체화에 의한 결과이다.

오늘날 일본사회의 우경화와 헌법개정논의만 보더라도 그러하다. 그동안 지배계급은 헌법개정에 대한 압도적인 반대여론을 반전시키기 위해 지난 수십 년 동안 줄기차게 물밑작업을 계속해왔고 결국은 성공시켰다. 그 과정에서 헌법개정에 반대하는 세력을 어느 순간에 '저항세력'으로 바꾸어놓았고, 끝내는 '저항세력'이 스스로의 변화를 통해 통합의 논리에 귀속하게 만들었다. 헌법개정 논의가 국민여론의 지지 속에 진행되고 있는 가운데, 그 흐름을 제어하고 견제할 세력이 일본사회에서 소멸되었다는 것은 1990년대의 혼미를 통해 일본사회가 다시 사상적 일체화를 이룩해가고 있다는 반증이다. 이러한 흐름은 향후 일본사회의 지배이데올로기가 어떠한 형태로 집약될 것인가를 이미 예고하고 있는 것이나 다를 바 없다.

뿐만 아니다. 일본의 역사나 문화적 유산 속에서 찾아낸 일본인의 정체성을 시대적 상황에 맞게 재해석하는 작업을 통해 통합과 일체화를 강조해온 일본사회의 노력도 간과할 수 없을 정도다. 근대의 출발에 즈음하여 천황제 이데올로기를 창출하는 과정이 그러했지만, 현대사에서도 예외가 없다. 일본의 역사가들이 일본근대화의 근원을 일본의 중세시대에서 찾으려고 하는 노력이나, 고도경제성장 이후 일본인들이 자신들의 뿌리를 고대사에서 찾으려고 하는 노력, 천황에 대한 국민들의 숭배의 염(念)을 수시로 환기시키는 노력, 거품경제가 붕괴될 즈음 『청빈의 사상』이 베스트셀러가 되는 현상, 고이즈미가 일본사회의 개혁을 위해 '쌀 백 섬'의 교훈으로 국민들에게 고통분담을 요구하는 논리를 전개한 것 등이 대표적인 예이다. 이는 역사나 문화적 유산을 공유하고자 하는 일본인들의 정서가 각계각층에 내재되어 있음을 확인시켜주는 것이지만, 달리 표현하면 사상의 일체화를 가능하게 하는 문화적 정서를 폭넓게 공유하고 있다는 의미이다.

통합된 조직이 사상적 일체화를 이룩하면 이렇게 무서운 힘을 발휘하게 되고 또 엄청난 결과를 초래한다는 사실은 일본사의 전개과정이 분명히 증명하고 있다. 향후 일본사회에서 화합이라는 명분으로 개성이나 개인의 창의력을 억압하는 획일적인 조직문화는 다소 퇴색될 전망이고, 정·관·재 일체화에 의해 국가적 차원에서 조장해온 일방적인 관리지배문화도 다소 완화될 가능성이 농후하다. 하지만 대립은 있어도 판을 깨뜨리지 않는 회사제일주의 노사문화와 같은 공동체의식, 혹은 목표나 방향이 설정되면 통합된 가치관을 요구하고 창출해내는 지배이데올로기의 전통, 그리고 이에 순응하고 동의해가는 일본인의 행동양식 등은, 이른바 일본사회와 일본국의 '근본'을 규정하고 있는 국민정서이기에 결코 쉽게 무너지지 않을 것이다.

화혼양재(和魂洋才)의 정신

　일본인들의 식문화 역사를 살펴보면, 외래의 식문화가 일본에 전래되어 일본화된 것이 거의 대부분이다. 제갈공명이 최초로 발안했다고 하는 만두만 하더라도 중국인들은 야채나 고기를 넣어 만들어 먹었지만, 일본에 전래되고 나서는 안코(단팥)로 채워진 '만쥬[饅頭]'로 변해 일본전역으로 확대되어갔다. 일본이 전통음식으로 자랑하는 '스시'도 동남아시아가 그 기원이고 만드는 기법은 중국과 한국을 거쳐 전래되었다고 한다. 메이지 이후에는 서양의 빵에 안코를 넣어 '안팡'을 만들었고,

서양인들이 즐겨먹는 육류에 일본인들이 좋아하는 재료(쇼유, 미소)와 수프를 넣어 '스키야키(소고기전골)'를 만들어 전국의 일본인들을 사로잡았다. 오늘날 김치가 '기무치'로 바뀌어 세계시장을 누비고 있는 것도 그러하다.

이뿐만이 아니다. 6세기 이후 전래된 대승불교의 경우는 최고의 논리적인 것－法相宗, 三論宗과 같은－이 들어왔음에도 불구하고, 일본의 민중들에게 전파되어가는 과정에서 민간신앙과 연결된 토착적인 형태로 변해갔다. 유교의 경우도 주자학이라는 고도의 이론형태로 들어와 유학자들에게 전파·계승되어 가는 과정에서 주자학의 철학은 철저하게 비판되고 결국은 국학의 형성에 영향을 미치는 형태로 그 수명을 다하게 된다. 가장 어렵고 논리적인 사상이 유입되었지만 일본사회에서 일본인의 의식세계에 내면화되어가는 과정에서 토착적인 형태로 개변(改變)되어버린 것이다. '형태는 동양, 내용은 일본'이라는 표현은 곧 고대 이후 근세시대까지 이어지고 있던 일본문화의 일반적인 수용형태이자 일본문화의 형성과정이다. 헤이안[平安]시대의 관리이자 학자로서 명성을 떨친 스가와라노 미치자네[菅原道眞, 845~903]는 이를 일본고래의 정신으로 지나(중국)전래의 학문·기예(技藝)를 구사한다고 하는 이른바 '화혼한재(和魂漢才)'로 규정했다. 그리고 일본인들은 이러한 행동양식을 일본적인 '독창성'이라고 생각했다.

이러한 사유양식은 봉건사회로부터 근대사회로 이행하는 과정에서 당시의 사상가들에 의해 일본의 근대문명을 발전시킬 구체적인 행동양식으로 다시 한번 주목받게 되고, 나아가 공공연히 일본근대화의 시대정신으로 간주되기도 했다. 근세 말기의 사상가로 명성을 날린 요코이 쇼난[横井小楠], 1809~1869)과 사쿠마 쇼잔[佐久間象山], 1811~1864) 등은, '서양의 재(才)', 즉 서양의 과학기술은 받아들이더라도 '일본의 혼(魂)', 즉 일본전통의 도덕이나 정신은 유지해야 한다는 이른바 화양절충(和洋折衷)의 방식을 주장하며 일본의 변화를 요구했다. 그 이면에는 일본의 현재의 실체를 정확히 판단하고 그 정신을 지키면서 서양의 근대문명을 받아들여 새로운 일본을 건설하겠다는 의지가 배어 있었다. 근대일본은 바로 이러한 토대 위에서 출발했다고 해도 과언이 아니다.

근대 이후 서양풍의 건물에서 새롭고 실용적인 근대교육을 가르치면서도 일본의 정신과 일본의 이데올로기만은 철저히 주입시켰던 학교교육의 실상이 그러했고, 각종의 법과 제도를 포함해 일본인의 각종 일상문화가 그러했다. 일본인들이 좋아하는 '면의 식문화'만 하더라도 중국의 면류가 일본에 전파되어 다양한 일본식 라면과 인스턴트라면을 탄생시켰고, 샐러드와 스파게티의 소스마저 일본식 소스를 가미시켜 새로운 상품을 등장시킬 정도이다. 일본인을 놀라게 한 문명의 이기(利器)로서 현대일본의 경제대국을 상징하고 있는 자동차산업의 경우도 '선진 제 외국의 기술을 습득하면서, 여기에 숙성을 가하는 개량주의' 정신으로 세계시장을 휘젓고 있다.

외국의 입장에서 보면 분명 일본의 문화에는 독창성이 없다는 평가가 따를 수 있겠지만, 이러한 평가에 대해 일본사회는 조금도 신경을 쓰지 않는다. 오히려 일본적 정서나 문화를 바탕으로 '개량' '개선' '조화' '응용'을 추구하며 새로운 상품과 문화를 창조해내는 자신들의 사고양식을 대견스럽게 생각하고 있을 정도이다. 이것을 일본인들은 이른바 '화혼양재(和魂洋才)'의 정신이라 칭하며 일본문화의 특징으로 간주했고, 이를 바탕으로 경제대국의 지위를 구축했다.

요컨대 외래사상의 '진리의 결정(結晶)'이 아무리 단단하고 날카로워도 일본인의 '마음'의 자장(磁場)을 파괴하여 파고드는 일은 없었고, 일본인이 일본인의 '본질'을 잃어버리는 일은 한 번도 일어나지 않았다는 것이다(邦枝幸男, 『일본적 인간성의 연구』). 당해(當該)의 가장 선진적인 문화와 기술을 흡수하는 것은 바람직하고 정당하다는 인식을 항상 전면에 내세우면서도 - 고대에는 동양의 문화에, 근대 이후에는 서양문명에 집약되면서- 일본적인 전통과 정신만은 잃지 말아야 한다는 가치를 토대로 일본인들은 역사를 통해 '새로운 일본문화'를 재창조해가는 능력을 발휘하였다.

법과 제도를 포함한 거의 모든 분야에서 일본문화형성과정의 보편적인 이념이었던 이 정신은, 고대 이후에는 일본국가의 체계와 일본의 사상을 구축하는 '문화토대'로, 근대 이후에는 서양문명에의 '캐치 업'의 목표를 실현시킨 '일본근대화'의 원동력으로, 전후 일본의 부흥과 고도경제성장과정에서는 '창조적 수용'으로 요약되는 일본의 '기술혁신'의 근간으로, 그리고 1990년대의 '잃어버린 10년' 동안에는 IT문명과 일본기업 문화의 '후진성'을 극복하는 데 공헌한 공신 중의 하나로 그 역사적 의미를 부여해도 무방할 것이다. 그만큼 화혼양재의 정신은 일본의 역사와 일본인의 행동양식을 지배해온 핵심적인 일본적 가치 중의 하나라고 할 수 있다. 이런 정신은 자신들보다 앞서가는 문명을 배타적으로 응시하기보다는, 자신들의 후진성을 질타하고 그것을 위기로 받아들여 스스로를 바꾸어가겠다는 전향적인 사고와 선진문물에 대한 왕성한 호기심이 뒷받침되어 있지 않으면 결코 쉽게 형성되지 않는 정서이다.

일본의 경우 이것이 가능했던 이유는 일본이 정복이나 침략을 당하지 않았다는 사실과 무관하지 않다는 주장이 있다. 마스다[增田義郎] 교수에 의하면, 인류사에 있어서 하나의 문화집단이 다른 문화집단으로부터 영향을 받을 때는, 평화적으로 문화가 전파되는 것이 아니라 반드시 정복·침략이라고 하는 군사적 형태를 동반하며 전래되는 경우가 일반적이라고 한다. 따라서 외래문화를 수용할 경우에는 숙명적으로 경계해야할 조건이 따라붙기 마련인데, 일본의 경우는 매우 예외적으로 정복 없이, 게다가 외국인과 분리된 형태로 외국의 사상이나 문물만이 추상화된 형태로 들어왔다고 한다. 즉, 경계심이나 공포의 감각이 전혀 없는 상태로 선진문물을 있는 그대로 받아들일 수 있는 역사적 조건이 형성되었다는 것이다(『일본의 사상』).

이와 함께 일본문화의 심층에 있는 자연성이 발휘되어 일본의 독특한 창조성이 고조되었다는 주장도 있다. 에가미 나미오[江上波夫] 교수에 의하면, 일본의 차 다기[抹茶茶碗]와 같은 기묘하고 소박한 예술품을 만든 국민은 없다고 하면서, 참된 것은 자연에 뿌리를 둔 '흙'의 예술이라고 하는 것이고, 이는 하이쿠[俳句]를 비롯한 일본문학의 특질이라고도 한다. 예컨대 공예품만 하더라도 외국의 경우는 재료를 발달시켜 기술을 발전시키는 것이 일반적인 경로이지만 일본의 경우는 재료는 전혀 발달시키지 않고 같은 기술을 명인(名人)의 경지에 이르게 하는, 이른바 자연주의에 뿌리를 두고 있다는 것이다. 이러한 정서가 바로 외래문물의 수용과정에서 일본의 독창성을 확보해갈 수 있는 보이지 않은 비결이었다고 한다(『일본의 사상』).

오랜 역사를 통해 자연스럽게 형성된 화혼한재와 화혼양재의 정서는 일본인의 외래문화 수용형태로서의 그 위력을 아낌없이 발휘해왔지만, 오늘날 일본의 경제대국화, 기술대국화와 맞물리면서 이제는 화혼화재(和魂和才)의 주창으로 이어지고 있다. 화혼화재는 한재(漢才)와 양재(洋才)를 뛰어넘어 일본의 정신에 일본의 기술과 문명을 접목시켜 21세기의 문화발상지로서의 위치를 구축해가자는 의미이다. 작금의 일본사회의 흐름을 주시하고 있노라면 일본인들의 외침이 결코 '헛소리'가 아님을 피부로 느낄 수 있다.

화(和)의 정신과 집단주의의 문화

일본인의 왕성한 호기심, 이문화수용에 대한 거부감의 부재, 자연주의에의 회귀정서 등이 떠받치고 있는 화혼양재의 정신이 외래문화의 수용과정에서 아낌없이 발휘된 일본적 가치 중의 하나라고 한다면, 집단주의 문화와 화(和)의 정신은 수전(水田)농경민족이라는 민족성을 바탕으로 일본사회 내부에서 형성되어 나타난 또 다른 형태의 일본적 가치라고 할 수 있다.

수전농업은 우선 경작을 하기 위한 노동력이 많이 필요하고 토지에 대한 농민들의 집착도 매우 강하며, 게다가 조상대대로 농업을 이어받기 때문에 정착성이 강하다는 특징을 갖고 있다. 농민들의 일상생활도 자연과의 밀착성이 강해 사회질서에 대해서는 비교적 순응적이고, 경작이나 일상적인 행사도 협력적 사고를 바탕으로 계절마다 정해져 있는 관례대로 행하는 경향이 있어, 전체적으로 보면 자연스럽게 공동체의식이 조성될 수밖에 없는 특징을 갖고 있다. 그 속에서 개인적인 사고와 행동을 우선시하는 가치를 지향하기는 근본적으로 어려운 일이다. 결국 생활공동체의 일원으로서 사고하고 행동해야 하는 집단적 생활규범을 체득하면서, 동시에 집단의 화합을 추구하고 중시하는 사고에 지배될 수밖에 없는 태생적인 사회환경을 구비하고 있다는 것이다.

이것은 일본민속학자들의 연구성과를 통해서도, 그리고 실제 일본의 공동체사회에서 행해지고 있는 각종의 생활실태를 조사해보아도 쉽게 확인할 수 있는 사실이다. 일본의 전통적인 마을 공동체는 마을의 평화와 화합을 유지하기 위해 1)살상을 하지 말라, 2)도둑질을 하지 말라, 3)불을 내지 말라, 4)소송을 하지 말라(다투지 말라) 등의 덕목을 강조하고 있다(中尾英俊, 『일본사회와 법』). 특히 4)는 오늘날까지도 일본인의 소송건수가 극히 적다는 예에서도 확인할 수 있듯이, 내부고발과 다툼을 싫어하고 자기절제에 익숙한 일본인들의 행동양식을 그대로 반영하고 있는 것이라고 할 수 있다. 이러한 규범은 오키테([掟]: 공동체의 규칙)나 무라하치부([村八分]: 공동체의 룰을 어긴 자에 가해지는 집단적인 제재양식)에 의해 철저히 지켜지고, 그 결과로 강력한 공동체의식과 사상의 일체화를 강조하는 집단주의 문화가 확고히 구축된다.

가토 슈이치[加藤周一]는, 일본의 사회나 문화를 이해할 수 있는 기본적인 특징으로서 1)경쟁적인 집단주의, 2)이와 관련한 현세주의(現世主義), 3)시간의 개념과 관련하여 현재를 존중하는 태도 등을 중시하며, 일본문화의 패러다임을 규정할 수 있는 이러한 특징이 외부를 향하게 되면 피아(彼我)의 구별이 상당히 날카로워지면서 대단히 폐쇄적인 성향을 띠게 된다고 한다. 특히 자신이 속한 집단 이외의 사람을 '외인(外人)'이라고 칭하게 되면 일반적으로 외인과의 대화는 어려워지고 — 현대 일본사회에서 외인의 극단적인 경우가 바로 아시아계 외국인이다 — 여기에 지리적인 여건까지 가미되면 외부와의 커뮤니케이션은 더더욱 곤란해진다는 것이다(『일본문화의 감추어진 형』). 이는 경쟁의식과 배타성이 동시에 공존하는 일본의 집단주의 문화의 특징을 간파한 지적이라고 할 수 있다.

이렇게 형성된 일본의 집단주의는 우선 집단 내의 비판적 소수의견이나 개인의 돌출적인 행동을 잠재우는 데 일익을 담당하게 되고, 또 집단이 추구하는 공동의 목표만을 절대적 가치로 간주하는 흐름을 정당화해 간다. 이러한 행동양식은 분명 자가당착임에도 불구하고 구성원의 집단귀속의식과 그것을 강화하는 각종의 제도적 장치에 의해 오히려 집단에 의한 목표지향적 가치는 절대선(善)이라는 이름으로 구성원들의 의식세계를 장악해 버린다. 그 과정에서 구성원들은 자연스럽게 집단의 안정과 번영을 최우선시하는 공동의 목표의식을 공유하면서 집단의 번영과 존속에만 지고의 가치를 두게 되고, 동시에 자신이 속한 집단이 우수하다는 것을 입증하기 위해 통속도덕의 사유양식으로 멸사봉공의 논리를 정당화해간다.

이것이 결과적으로는 집단 간의 치열한 경쟁의식을 유발시키는 형태로 발전하면서, 궁극적으로는 일본의 국가경쟁력을 확보하는 실질적인 기반으로 작용하고 있다. 일본제조업의 국제경쟁력을 비롯해 대중문화산업의 애니메이션이나 만화의 국제경쟁력이 국내의 치열한 내부경쟁체제하에서 확보되었다고 하는 것은 바로 이를 두고 하는 말이다(여기서 집단의 개념은 반드시 하나의 독립된 형태만을 한정하는 것은 아니고 집단 간의 연계, 예를 들면 기업의 계열이나 하청관계와 같은 수직적

연계에 의한 집단주의나 동일한 분야의 제 집단끼리의 결속에 의한 직종별 집단주의 등을 모두 포함하고 있다.). 특히 직종별 집단주의 문화 속에서 표출되는 성원들의 강력한 나카마(동류)의식이나 정당 내의 파벌주의 같은 것은 일본의 집단주의 문화를 떠받치고 있는 또 다른 요인이 되고 있기도 하다.

실제 일본사회를 들여다보면, 각 분야에서 집단 간의 치열한 라이벌의식으로 상호발전을 꾀하고 있는 예들이 무수히 많다. 지역으로는 도쿄와 오사카, 기업에서는 소니와 마츠시타(전자), 도요타와 닛산(자동차), 세이부와 다이에이(유통), 시세이도와 가네보(화장품), 대학에서는 도쿄대와 교토대(국립), 와세다와 게이오(사립), 스포츠에서는 요미우리와 한신(프로야구) 등, 우리가 익히 알고 있는 일반적인 예를 비롯해 각 분야마다 거의 예외 없이 전통적인 라이벌이 존재하고 있다. 이들은 각각 집단 간에 사활을 건 생존경쟁을 펼치며 일본의 사회발전에 이바지하고 있다. 모든 분야에서 오로지 서열에만 관심을 기울일 뿐 진정한 라이벌의 존재를 선호하지 않는 우리의 문화양식과 비교하면 사뭇 다른 점이 아닐 수 없다.

일본사회의 전통적인 가치라 할 수 있는 외래문명에 대한 적극적인 수용자세와 집단주의 문화는 향후에도 일본사회의 미래가치로 그 위력을 발휘해갈 것이다. 집단주의 문화의 한계로 여겨지고 있는 제 요인, 예컨대 개인의 창의력을 억압하는 폐쇄적인 조직문화, 신속하지 못한 의사결정과정 등은 분명 디지털문명에는 적합하지 않는 조직문화이지만, 이에 대한 조화로운 방향모색이 화혼양재와 같은 정신에 힘입어 반드시 실현될 것이고, 실제로 개선되어가고 있는 것이 현실이다. 1980년대 중반 이후 표면화되기 시작한 '일본병'만 하더라도 실제 일본사회는 '잃어버린 10년'을 통해 다양한 처방으로 변화와 개혁을 도모하고 있다. 일본문화의 근본은 면면히 전승되면서 형태는 시대적 상황에 맞게 변형되어가는 것, 이것이 일본사회가 추구해온 일본문화의 전통적인 가치이다.

일본의 지배이데올로기의 특성

신격화된 천황의 존재

일본의 역사를 돌이켜보면 고대 이래 천황은 매우 신격화된 존재로 규정되어 있었다. 역사 속의 학자들이 일본을 신주(神州), 신국(神國) 등으로 지칭하며 외국과의 차별성을 주장하고 있는 것이나, 일본이 신격화된 천황에 의해 통치되고 있다는 사실을 강조하며 그 정통성과 정당성을 설파하고 있는 것만 보더라도 그러하다. 독자적인 역사관을 전개하여 일본에 있어서 역사철학의 원류로서 높은 평가를 받고 있는 지엔([慈圓], 1155~1225, 가마쿠라 전기시대의 천태종 승려)은, 1220년에 완성한 자신의 대표작이자 방대한 역사해석서인 구칸쇼(『愚管抄』)

를 통해, 일본의 역사에 있어서 초대천황으로 기록되고 있는 진무(神武) 천황에서부터 제84대 준도쿠[順德] 천황(1197~1242)에 이르기까지, 천황 1대마다의 재위연수나 가계 등을 상세히 기술하면서 일본의 역사가 오직 천황을 중심으로 하는 질서의 정통성에 있었음을 주장하였다.

또한 남북조(南北朝)시대, 남조(南朝)의 정치적·사상적 지도자로서 이름을 떨친 기타바다케 지카후사[北畠親房], 1293~1354)는 자신이 쓴 역사서 진노쇼토키(『神皇正統記』)를 통해, 진무 천황 이전부터(일본어에서는 보통 '신대(神代)'라고 표현하고 있다.) 고무라카미[後村上] 천황(1328~1368)의 즉위까지를 상세히 기술하며 천황의 절대적 권위를 설파하고 있다. 이 책은 간결하면서도 기타바다케가 독자적인 논평을 적절히 삽입하여 일본의 근본이 신성한 황실에 있음을 전파함으로써 당시 독자들에게 폭넓게 읽혀졌다고 한다.

일본의 본질 및 그 우위성을 신성한 황실의 가계와 '만세일계'인 천황가(家)의 혈통의 연속성에서 구하고자 하는 일본사회의 발상은 막말기(幕末期)가 되면 내우외환의 위기적 상황과 결합하면서 '존왕양이' 사상을 잉태하게 된다. 존왕양이 사상은, 군신(君臣)관계에 있어서 최고의 표현으로 황실을 숭상하고 존경한다고 하는 '존왕(尊王)'론과, 신주 일본을 침략할 의도를 갖고 내항하는 것으로 여겨진 외국, 즉 '양이(夷狄)'를 격퇴하고자 하는 의미가 결합한 것으로, 이른바 메이지유신을 전후로 한 난국을 극복할 하나의 핵심적 정치사상으로 결실을 보게 된다.

근대의 출발과 천황대망(待望)론

근세 말기, 당시 존왕양이론 전개에 주도적 역할을 한 미토번
[水戸藩]의 번주(藩主) 도쿠가와 나리아키([德川齊昭], 1800~
1860)는 "친애하는 도쿠가와 이에야스가 난세를 평정하고 새
시대를 연후, 존왕양이를 실천해옴으로써 태평성대의 기반을
다져왔다."라고 언급하면서, 존왕양이야말로 일본의 안녕을
보장할 수 있는 유일의 길임을 주장했다. 또 존왕양이의 대표
작으로 일컬어지고 있는 후지타 도코[藤田東湖]의 『홍도관기
술의』에 의하면 "존왕양이는 실로 지사(志士)·인인(仁人)이
군주에 충성을 다하고 국은(國恩)에 보답하는 대의(大義)"라고
규정하면서, 이러한 대의를 지사들이 행동으로 실천하는 것만
이 작금의 일본이 처한 위기를 극복할 수 있는 정도(正道)임을
주장하였다.

이를 보면 당시의 일본이 처한 정황 속에서 전개된 존왕(尊
王)론은, 대내외적 위기에 직면하여 지켜져야 할 일본의 전통
적 가치체계가 무엇인가를 밝히고 나아가 그것을 바탕으로 국
가적 통일을 확보하고자 하는 사상이었다고 볼 수 있다. 이때
의 전통적 가치체계란, 고대 이래 만세일계의 천황이 변함없
이 천위(天位)를 유지해온 것이 일본의 특질이라고 하는 국체
의식을 의미한다. 이러한 가치체계가 확산되는 과정에서 천황

은 국가의식과 불가분의 관계에 있음이 사람들에게 자연스럽게 인식되고, 또한 천황에의 충성은 바로 '신주'라고 하는 국가에 대한 충성을 의미하는 것으로 받아들여지면서, 존왕양이 사상은 일본인들의 의식 속에 자연스럽게 민족적 위기를 극복할 수 있는 사상으로 자리 잡게 된다. 실제 '일본=신주'에 대한 침략세력으로 간주되던 서양제국에 대해 식자층이 품고 있던 적개심의 실상을 보면 양이론의 실태를 짐작할 수 있다. 메이지국가의 지도자를 대거 배출한 막말기의 사상가 요시다 쇼인[吉田松陰]의 주장을 보자.

최근 해외에 제 야만국이 현명하고 지혜로운 자들을 추천하고 정치를 개혁하여 재빠르게 상국(일본을 가리키는 말)을 능멸하는 자세를 보이고 있다. 어떻게 하면 우리가 이것을 막을 수 있겠는가. 다른 길은 없다. 우리의 국체가 외국과 다른 연유를 밝혀 국민은 나라를 위해 죽고, 신하는 군주를 위해 죽고, 자식은 부모를 위해 죽는다는 뜻이 확고하다면 어찌 제 야만족인들 두려울 리 있겠는가.

그의 상황인식을 통해서 우선 확인할 수 있는 것은 일본을 에워싸고 있는 국제상황이 대단히 위기적이라는 것, 그리고 그 위기적 상황을 타개해가기 위해서는 결연하게 일치단결된 주체적 역량이 필요하다는 것이다. 요시다 쇼인을 비롯해 당시의 식자층은 이렇게 미국을 비롯한 서방제국의 강압적인 외교태도에 대해 한결같이 울분을 감추지 못하면서, 거기에 대응하는 바쿠후(幕府: 중앙정부에 해당)의 무능과 무력함에 분노를 토하고 있었다.

때문에 그들은 이러한 현실을 극복하기 위해서는 바쿠후나 제 번(藩)의 개별이해나 입장을 초월한 국가적 차원의 대응과 그를 위한 국민적 합의가 필요하다는 주장을 줄기차게 제기해 갔다. 이 과정에서 천황을 정점으로 하는 국체사상은 일본이 처한 작금의 위기를 극복하여 새로운 시대를 창출할 유일무이의 지배이데올로기로서 역사무대의 전면에 떠오르게 된다.

천황제 이데올로기의 내면화 과정

봉건체제의 붕괴와 외압에 의한 일본의 강제개국이라는 위기적 상황 속에서 메이지유신을 단행한 근대일본의 지도자들은 국내의 분열된 권력체계를 통합하고 새로운 질서의식을 구축하기 위한 사상적 중핵(中核)으로서 천황을 전면에 내세웠다. 그들은 천황의 존재를 바탕으로 "일본은 천조(天祖) 이래 신에 의해 통치되고 그 황은(皇恩)을 입은 뛰어난 민족"이라는 정치신화를 만들어내었고, 그러한 '가공의 논리'를 법으로 뒷받침하는 '대일본제국헌법'을 제정함으로써 천황의 절대적 권위를 확보해갔다.

이 헌법은 1889년(明治 22년)에 발포되어 1947년 '일본국헌법'이 제정되어 시행되기까지 한 번도 수정을 거치지 않고 일본의 최고 법규로서 존속하였다. 이 가운데 제1장 제1조는 바로 "대일본제국은 만세일계의 천황이 통치한다."라는 규정으로 시작하여, 제3조는 "천황은 신성(神聖)하며 그 권위를 침범해서는 안 된다."고 명시하고 있으며, 제4조에서는 "천황은 나라의 원수(元首)로서 통치권을 총람한다."라고 규정하고 있다.

신성불가침한 만세일계의 천황이 일본을 통치한다는 정치신화를 헌법을 통해 명시화함으로써 소위 천황은 나라의 원수로서 통치권을 총람할 뿐만 아니라 일본국민의 정신적 지주로서의 기능을 모두 겸비하게 된 것이다. 이러한 제국헌법 발포를 통해 천황제 국가의 기본 권력체계를 완성하고, 국체관념을 바탕으로 국가지배의 이데올로기적 기초를 확립한 메이지정부는 그다음 단계로 국민의 의식세계를 철저히 장악하기 위한 강력한 수단을 동원하게 된다. 그 방법이 바로 '교육칙어(教育勅語)'의 발포였다.

제국헌법이 발포된 바로 다음 해인 1890년(明治 23년)에 발포된 '교육에 관한 칙어'는 천황제국가주의 도덕사상을 강조한 내용으로, 제2차 세계대전의 패전에 이르기까지 일본에서 소위 '국민교화의 최고의 지침'으로서의 역할을 완벽하게 수행하게 된다. 그 내용은 다음과 같은 문구로 시작한다.

짐이 생각하건대 천조가 우리나라를 건국하여 넓고 원대한 덕을 베푼 것은 참으로 감사한 일이다. 우리 신민(臣民)은 충과 효를 다해 만민의 마음을 하나로 하여 오늘날까지 충효의 미풍을 훌륭히 계승해왔으니 이것이야말로 우리나라 국체의 정수이며, 교육의 근원이 실로 여기에 있다.

이것은 천조이래 그 후예인 역대천황에 의해 이루어진 일본 고유의 '국체'관에 교육의 근본이 있음을 명문화한 것이지만 '칙어'의 내용은 여기에 그치지 않고, 부모에 대한 효, 붕우유신, 형제간의 우애, 부부간의 화합, 학문의 습득과 기술수련 등 소위 국민들이 실천해야 할 14가지의 덕목을 추가로 열거하고 있다. 뿐만 아니라 '신민'은 국헌을 준수하고 국법을 따라야 함은 물론이거니와 위급한 상황에 처하게 되면 유구한 역사를 이끌어온 천황을 위해 일신(一身)을 바쳐야 한다는 절대적 헌신을 요구하고 있다. 신민이 지켜야 할 이러한 실천방침은 천조의 유훈(遺訓)으로서 자손신민이 함께 준수해야 하며, 이것은 일본뿐만 아니라 모든 제 외국에 가서 행하더라도 결코 인간의 도리에 위배되는 것은 아니라는 것으로 끝을 맺고 있다.

이상과 같은 내용으로 구성된 교육칙어는 국민교화를 위한 최고의 성전(聖典)으로 간주되며 국민의 의식세계를 급속히 국가주의로 경사지게 하는 역할을 담당했다. 3만 부나 인쇄된 교육칙어는 전국의 학교에 배포되었고, 각 학교에서는 어느 학교에 관계없이 축제일의 의식에 있어서 교장에 의한 낭독과 훈시, 매일 행해지는 칙어에 대한 예배, 그리고 수신(修身)의 수업 — 특히 수신과목은 전 교과 가운데에서도 가장 중시되어

많은 소학교의 시간표에서 월요일 첫째시간에 배정되던 교과로, 이 과목에서 칙어의 내용을 확실히 가르치도록 지시하고 있다- 등을 통해 철저히 사상교육을 실시하였다.

'충군애국(忠君愛國)'의 정신을 함양하기 위한 교육칙어의 정신은 교과과정에도 그대로 적용되어, 예를 들면 '덕성의 함양은 교육상 가장 중요한 것'으로 간주되었다. 특히 수신에 대해서는 '칙어의 취지에 의거하여 아동의 양심을 계발하고 배양하여 덕성을 함양하고, 나아가 '존왕애국의 지기(志氣)를 배양하도록 노력할 것' 등을 요구하였다. 소위 '충군애국'의 교육을 의무교육의 근간으로 삼아 근대일본의 국가교육체제를 확립하려고 한 것이다. 이러한 획일적 교육을 통해 메이지정부는 일본의 국체가 얼마나 존귀한 것이며, 또 칙어에 명시되어 있는 제 덕목의 실천이 '신민'에 있어서 얼마나 중요한 것인가를 강제적으로 주입시켜갔다.

천황에의 충성과 복종을 근간으로 하는 충군애국의 사상은 비단 학교교육뿐만 아니라 사회교육의 장을 통해서도 폭넓게 전파되었다. 천황의 신성성과 충효사상을 강조한 해설서가 수없이 등장하여 다수의 국민들로 하여금 국가주의 사상을 자연스럽게 수용케 하는 지침서로서의 역할을 다하였고, 학교의 식전 등에서 이루어지는 칙어의 '봉독식(捧讀式)'에는 지역의 행정책임자 및 관료들을 비롯해 의원이나 지역유지, 학부모 및 지역주민들의 참가도 요청되어, 학교에서의 '봉독식'은 소위 민심교화의 다시없는 기회로 활용되었다. 이러한 사실을 통해 교육칙어의 정신이 어떻게 일본국민 전체에 전파되어 갔는가를 구체적으로 엿볼 수 있고, 동시에 근대시민사회에 어울리는 자유와 권리, 그리고 개인의 행복과 인간의 존엄성을 추구하는 사상이 어떻게 억압되었는가를 실제로 확인할 수 있다.

천황제 이데올로기의 상흔(傷痕)

천황을 정점으로 하는 근대일본의 지배체제의 확립이 강력한 중앙집권체제를 구축하여 외세의 위협을 물리치고 부국강병의 기반을 다지는 데는 성공하였다고 할 수 있지만, 다른 한편으로는 근대일본의 사회를 정신적으로 황폐화시키고 일체화된 사상을 바탕으로 대외침략의 길을 걷게 하는 부작용을 잉태하기도 했다. 야스마루 요시오 교수는 이를 천황제 국가주의의 특질로 규정하면서, "천황제 국가주의라고 하는 것은 천황이나 국가에 대해서 협의의 정치사상만을 의미하는 것이 아니라, 민중의 일상생활 차원에서의 통속도덕의 실천과 사회적 정치적 차원에서의 천황중심의 침략적 국가주의와 결합된 것"이라고 지적했다.

이 경우 통속도덕은 일본근대사회 성립과정의 격동 속에서 민중이 이에[家]를 단위로 하는 생활을 유지하고 발전시켜갈 때의 자기규율의 논리이고 그 본질은 민중의 '이에 에고이즘'이었지만, 이것은 그 자체로서 표상(表象)된 것이 아니라 통속적 덕목으로서 보편화·가치화되어 있고, 게다가 교육칙어에 있어서 국가의 권위에 의해 위임되어 학교교육과 청년단·재향군인회·군대 등에서 보편적인 이념으로 끊임없이 선전·교화되어 정착해갔다고 한다. 요컨대 국가는 교육칙어적 덕목들을 매개로 하여 민중의 에고이즘과 그에 의거하는 능동성을 국가존립의 불가결한 계기로 흡수하면서 이른바 '국가에 의한 공적 가치관'을 확립해갔고, 이 과정에서 비판자들은 쉽게 사회적인 이단자로 간주되거나 폭력적 장치에 의해 간단히 억압되어버렸다(『일본내셔널리즘의 전야』).

이로 인해 근대일본의 천황은 나라의 원수로서 통치권을 총람하는 법적 규범의 기능을 넘어, 일상생활에서도 일본국민의 정신적 지주로서 국민들에게 숭배되는 종교적·도덕적 기능도 겸비할 수 있었고, 동시에 일본국민의 내면세계에까지 국가사상이 깊숙이 침투해갈 수 있었다. 그 결과 일본국민들은 근대사회가 도래했음에도 불구하고 서구유럽의 근대시민 사회와는 근본적으로 다른 제한된 자유를 부여받으며 끊임없이 천황에의 충성을 강요당하는, 이른바 '신민'으로 전락하고 말았다. 이것이 천황제 이데올로기가 남긴 첫 번째 상흔이다. 일본국민의 '신민'화는 천황을 가장(家長)으로 하고 신민을 적자(赤子)로 하는 가부장적(家父長的) 사회구조를 창출함으로써 국가를 끊임없이 '가족'의 연장으로 이해시킴과 동시에 민심을 오로지 천황에 수렴해가는, 소위 '가족국가관'을 확립시키는 밑거름이 되었다. 그리고 그 형성과정에서는 국민교화의 최고의 지침이 된 교육칙어가 크게 기여했다.

천황제 이데올로기가 남긴 두 번째의 상흔은, 천황제국가체제의 성립에 따른 이단(異端)에의 철저한 탄압이다. 메이지 초기에 신도국교화(神道國敎化)정책을 표방하면서 불교를 철저히 탄압하기 시작한 것을 필두로, 기독교의 보급이나 공화주의사상, 자유민권운동이나 무정부주의, 대정데모크라시운동이나 사회주의사상에 이르기까지 철저하고도 지속적인 탄압을 통해, 오로지 천황제 이데올로기만이 정통의 권위를 갖고 일본사회에 뿌리를 내리게 하였을 뿐, 이단사상이 일본사회에서 꽃필 수 있는 여지는 근본적으로 차단해버렸다.

세 번째는, 메이지 권력자들은 천황제 이데올로기를 자국민들의 의식구조를 규정하는 데 그치지 않고 그것을 해외에도 전파할 수 있는 보편타당한 가치로 규정하고 그것을 정당화하는 무모한 '성전(聖戰)'을 감행함으로써 스스로 파멸의 길을 선택했다는 것이다. 제2차세계대전의 패전으로 인해 영욕의 '근대일본'은 그야말로 비참한 종말을 고하게 되었고 그와 더불어 '국체'사상도 일단 역사 속으로 잠복해버렸지만, 오랫동안 자신들을 끊임없이 구속해온 메이지 국가의 지배 이데올로기의 허구성을 얼마나 깊이 통찰하고 있으며, 나아가 그로부터 배워야 할 역사의 교훈이 무엇인가를 얼마나 깊이 자각하며 21세기를 열어가고 있는지, 오늘날의 일본인들 모두가 한번쯤은 자문자답해봐야 한다.

이렇게 천황제 국가체제의 확립은 강력한 중앙집권체제를 확립함으로써 힘의 결집을 통해 일본이 세계열강으로 부상할 수 있는 계기를 만들었다고 하는 점에서 '일본인들에 의한 일본사의 시점'에서 보면 한편으로는 긍정적으로 평가할 수 있는 부분이 있을지도 모르겠다. 그러나 그것이 결과적으로는 근대일본의 정신적·사상적 황폐화를 초래하였고, 결국 '대일본제국'의 침몰을 가져온 근원이 되었다는 점에서 천황제 이데올로기의 구축이 남긴 역사적 상흔은 실로 크다고 하지 않을 수 없다. 특히 근대일본의 출발은 아시아인에게 엄청난 희생을 치르게 했고, 지금도 치유되고 있지 않을 정도로 깊은 슬픔과 고통을 안겨다 준 팽창과 침략의 시대였기 때문에, 근대일본을 바라보는 아시아인의 시각에서는 결코 긍정적인 측면이 있을 수 없을 것이다. 이 인식의 차이를 치유할 일차적 책임이 일본사회에 있다는 사실을 일본인 자신들만 모르고 있는 듯하다.

일본사회의 천황숭배의 영속성

제도와 사상을 통해 잉태된 일본인들의 천황숭배의 염(念)은, 그것이 자신들의 일상성을 지배하면서 정신적 가치의 황폐화를 초래하였음에도 불구하고 패전 이후에도 식을 줄을 모른다. 여론조사를 통해 나타난 숭배사상의 일관성을 보면 그 실체를 여실히 느낄 수 있다. 천황제가 일본사회에서 여론조사의 대상이 되기 시작한 것은 1946년 4월부터이다. 일본정부에 의한 신헌법 초안이 발표된 직후 실시한 「마이니치신문」의

여론조사에 의하면 '정부의 신헌법 초안의 천황제를 인정하는 가'에 대해 '인정한다'가 85%, '인정하지 않는다'가 13%였고, '천황제를 폐지하고 공화제를 취해야만 하는가'에 대해서는 '찬성'이 11%, '반대'가 86%라는 결과가 나왔다. 2년 뒤인 1948년 8월, 「요미우리신문」이 실시한 여론조사에 의하면 '천황은 국민의 동경이고, 국가의 상징으로 신헌법에서 정하고 있지만, 당신은 이 천황제에 대해 어떻게 생각합니까'라는 질문에 '있는 편이 좋다'가 90%인 반면, '폐지하는 편이 좋다'는 불과 4%정도밖에 되지 않았다(西平重喜, 『여론조사에 의한 동시대사』).

패전 직후임을 감안한다면 대단히 놀라운 지지도이지만, 그이후의 각종 여론조사에서도 천황에 대한 경애사상과 천황제에 대한 국민들의 확고한 지지태도는 오늘날까지도 거의 변함이 없다. 이를 바꾸어 말하면 지배계급과 보수세력들은 일본인들의 의식세계와 일본사회에 내면적으로 잠재하고 있는 숭배사상을 언제든지 체계화할 수 있는 이데올로기적 기반을 확보하고 있다는 것을 의미한다. 그 대표적인 사례가 1988년 9월 쇼와[昭和] 천황의 중태로 시작된 일련의 '병상일지'와 사망이다. 그 상황에 대해 당시 지배계급과 일본사회가 보여준 현상들은 과거로부터 현재를 거쳐 향후 일본사회의 이데올로기의 실체를 체험적으로 가늠할 수 있는 실증적이고도 구체적인 계기가 되었다. 당시 다케시타 노보루[竹下登]수상은 추도사를 통해 다음과 같이 언급하였다「요미우리신문」, 1989.1.7).

되돌아보면 쇼와시대는 세계적인 대공황으로 시작되어 슬퍼해야 할 대전(大戰)의 참화, 혼란과 궁핍하기 그지없는 폐허로부터의 부흥과 진정한 독립, 유래가 없는 경제성장과 국제국가에의 발전이라는, 참으로 격동의 시대였습니다. 그동안 대행 천황은 오로지 세계의 평화와 국민의 행복을 기원하셨고 매일 몸소 실천해 오셨습니다. 본의 아니게 발발한 과거의 대전에 있어서 전화(戰禍)에 고통스러워하는 국민의 모습을 차마 보지 못해 자신을 되돌아보지 않고 종전결정의 영단을 내리셨습니다만, 이것은 전후 전국각지를 순행하시며 폐허 속에서 어찌할 바를 몰라 했던 국민들을 위로하고 조국부흥의 용기를 북돋우어 주셨던 모습과 함께 지금도 국민의 마음속 깊이 새겨져 있습니다.

추도사에 어울리는 문장이라 생각되지만 다케시타 수상이 이 추도사를 통해 무엇보다도 강조하고 있는 것은 쇼와시대가 격동의 시대였고, 쇼와 천황은 그 격동의 시대를 슬기롭게 헤쳐온 위대한 존재였다는 것이다. 즉, 세계적인 대공황과 본의 아니게 발발한 세계대전, 그리고 일본의 전후 부흥과 진정한 독립 등이 모두 쇼와라고 하는 시대에 일어났지만, 그는 오로지 세계의 평화와 국민의 행복만을 기원하였고, 그리고 조국부흥을 위해 전력을 기울였다는 것이다.

비록 추도사라고는 하나 천황은 과거 전군의 통수권자로서 초헌법적 지위를 부여받고 있었고 그를 중심으로 전시체제를 구축하여 세계대전을 일으켰다는 점, 교육을 통해 국민에게 철저히 충효사상을 실천케 하였다는 점, 일본이 세계대전을 일으키는 동안 수많은 '어전(御前)회의'를 주재하며 전쟁의 결과를 확인하고 재가했다는 점, 한국인에게 민족의 혼을 박탈시키며 자신을 숭배하게 만들었던, 그리고 아시아인들에게 엄청난 고통과 희생을 강요했던 주체였다는 사실 등은 철저하리만큼 논외로 하고 있다. 전쟁에 대한 역사적 책임은 단 한마디도 언급하지 않은 채 오로지 그의 인간적인 측면만을 부각시켜, 조국 부흥을 이룩하게 한 위대한 인물로만 묘사하고 있는 수상의 추도사는 여기서 끝나지 않았다.

대행천황의 인자하신 마음, 공평무사하고 동시에 진지하고 성실한 모습을 접하며 감명을 받지 않았던 사람은 없습니다. 그 성덕(聖德)은 영구히 계승되어 사람들의 마음속에 살아 있을 것이라고 확신합니다. 신 폐하는 이 맑고 밝은 마음을 계승하면서, (중략) 황실과 국민을 맺는 경애와 신뢰의 끈이 점점 강화됨과 동시에 제 외국과의 우호친선도 보다 더 심화되기를 염원해 마지않습니다.

쇼와라는 시대는 끝났지만, 그가 남긴 '성덕'은 국민들의 가슴속에 영원히 살아 숨쉬게 될 것이고, 그의 인자함은 새로운 천황에게 계승되어 황실과 국민을 잇는 강한 끈으로 작용할 것임을 믿어 의심치 않는다는 것이다. 비록 일본공산당이 "60

여 년간의 역사를 통해서 일본국민이 중대시하지 않으면 안 되는 것은, 절대주의적 천황제를 정점으로 하는 일본군국주의가 (중략) 아시아 제국에 무모한 침략전쟁을 추진한 것이다. 히로히토 천황은 침략전쟁의 최대인 동시에 최고의 책임자이다."라는 성명(『赤旗』, 1989.1.8)을 발표하며 역사의 진실을 상기시키려는 의지를 표하기는 했지만, 일본사회에서 이러한 목소리는 그저 메아리에 불과하고 오로지 보수우익세력이 주도하는 황국사관적 이데올로기만이 추도정국을 지배하고 있을 뿐이었다.

이는 21세기에도 천황은 국민들의 정신적인 지주, 그리고 국가 통합의 주체로서 엄연히 존재하게 될 것을 예고한다. 실제 천황의 사망과 관련하여 이루어진 일본인들의 여론조사도 이전과 변함없이 그렇게 될 것임을 강하게 암시하고 있다. 「요미우리신문」이 1989년 1월 10일에 보도한 여론조사에 의하면, '쇼와 천황의 서거에 즈음하여 당신의 지금의 심경을 한마디로 표현한다면 어떤 심경일까요?'(자유회답)라는 질문에 '슬프고 쓸쓸하다'가 17.6%, '쇼와가 끝났다'가 12.8%, '유감이다'가 10.7%, '고생하셨다'가 9.9%, '마음고생이 많은 천황이었다'가 7.5%의 순으로 나타났다.

또 '황실과 국민의 관계에 대해 향후 어떠한 모습이 바람직하다고 생각합니까?'라는 질문에는 '지금보다 더 국민과의 접촉이 친밀하고 열린 황실이 되었으면 좋겠다'가 51.3%, '지금 이대로가 좋다'가 39.9%, '너무 개방해서는 안 된다'가 5.0%

의 분포를 보이고 있고, '지금의 천황제'에 대한 질문에는 '지금의 상징천황인 상태로 좋다'가 82.0%, '천황의 지위를 명확히 하고 천황의 권한을 강화하는 편이 좋다'가 8.7%, '천황제는 폐지하는 편이 좋다'가 5.1%를 차지하였다.

이상의 결과를 종합해 보면, 일본국민들의 79.2%가 쇼와천황의 죽음에 대해 어떠한 형태로든 애도의 뜻을 표하고 있음을 확인할 수 있다. 쇼와 천황에게 전쟁의 책임을 묻는 일본인들이 거의 없다는 사실, 책임을 묻기는커녕 오히려 그의 죽음을 슬퍼하고 있는 것이 오늘날의 일본인들의 정서인 것이다. 국민과 황실의 관계에 대해서도 대부분의 국민들은 황실과의 관계를 보다 더 긍정적인 방향으로 생각하려 하고 있고, 천황제에 대해서도 82%가 '이대로가 좋다고 생각하고 있다. 심지어 천황의 권한을 강화해야 한다고 생각하고 있는 일본인도 8.7%에 달하고 있다.

결국 일본인들은 쇼와 천황의 죽음을 단지 인간적 슬픔으로만 생각하고 있을 뿐, 그의 죽음을 통한 역사적 청산에 대해서는 어떠한 시도조차도 하고 있지 않다. 일본사회가 천황의 죽음을 전 국가적 차원에서 추모하고 있을 때, 아시아 제국의 국민들은 엄청난 희생을 치르며 경험한 역사적 상흔을 달래고 있었음을 그들은 간과하고 있었다. 여론을 통해서도 나타나고 있듯이 아시아인들이 역사의 저편에 묻어둔 회한의 세월들을 일본사회가 계속 외면하고, 자신들에 의한 자신들만을 위한 가치관을 부각시켜 그것을 국제사회에 끊임없이 관철하려든다면, 아마도 일본은 지구의 역사가 다하는 그날까지 국제사회로부터 존경받는 일등국이 되기는 어려울 것이다.

일본인의 '천황제적 심정'

천황의 중태 이후 일본사회가 보여준 천황에 대한 재평가는 우리에게는 역사의 경각심을 불러일으키는 분명한 시그널이었음을 주시해야 한다. 물론 현재 일본의 사회 분위기로 보아 천황을 과거와 같이 신격화하고 천황의 권한을 강화하여 정치의 전면에 부상시킬 가능성은 현실적으로 그리 강해 보이지는 않는다. 오히려 일본사회는 그러한 가능성 자체를 거부하려든다. 실제 일본의 역사를 돌이켜 보더라도 천황이 실질적인 통치자로서 전면에 나섰던 시대보다도 민족 통합의 상징으로서 존재하였던 시간이 훨씬 더 길었고, 일본사회도 그러한 사실을 인식하고는 있는 듯하다. 심지어 극우파로 알려져 있는 나카소네 전 수상 같은 인물조차 천황이 권력의 중심에 등장하는 것을 반대하고 있을 정도이다.

그러나 우리가 분명히 기억하고 있어야 할 것은 제2차 세계대전 직후 미국 정부가 천황에 대한 일본인들의 특별한 정서를 캐치하여 그에게 전쟁에 대한 책임을 추궁하지 않고, 그를 일본재건의 주춧돌로 삼으려고 한 전략이 주효했다는 점이다. 또한 천황추모정국에서 나타난 숭배사상의 실체를 통해서도 확인할 수 있듯이, 일본사회에 있어서의 천황은 바로 시공을 초월하여 언제나 일본인들의 경애 속에서 일본사회의 정점에 군림해 있다는 사실이다. 이 불변의 진리를 뒤집어 생각해보면, 일본이 위기적 상황에 처하게 되었을 때 일본사의 전통이 그러했듯이 지배계급은 천황을 구국과 통합의 상징으로서 항시 이데올로기의 정점에 부상시킬 수 있다는 것이고, 일본인들은 자신들의 의식 속에 전통적으로 잠재하고 있는 '천황제적 심정'과 '일본인'이라는 아이덴티티에 의거하여 지배이데올로기의 하강을 자연스럽게 받아들일 수 있다는 것이다. 이른바 천황을 통한 사상적 일체화를 구축할 수 있는 정치적·문화적·전통적 가치기반이 일본사회의 심층에서 소리 없이 축적되어 있다는 것을 의미한다.

현재 일본사회에서는 황실의 남자손이 태어나지 않자 여성천황 대망론이 급부상하고 있다. 일본의 헌법은 '황위는 세습'으로 규정하고 있고, 이를 받아 황실전범(典範)은 황위를 계승하는 것은 '남성황족'이라고 못박고 있다. 그러나 천황이 남성이라는 것은 헌법상의 요청이 아니라 황실전범의 규정이기에 이를 개정하면 여성천황도 가능하다는 여론을 일부의 식자층이 주도하고 있고, 국민들의 의식도 이에 동조하는 흐름을 보이고 있다. 일본여론조사회가 2001년 6월에 실시한 여론조사를 보더라도 '여자가 천황이 되어도 좋다'는 의견이 1999년의 53%에서 71%로 급증하고 있다(『산음중앙신보』, 2001.12.2).

그 배경에는 과거 고대사에도 여성천황이 존재했다는 역사적 사실이 작용하고 있는 듯하지만, 남녀평등사상에 근거하고

자 하는 시대적 이념도 한몫을 차지하고 있다. 또 천황제가 '이대로가 좋다'에 대한 의견도 78%를 차지하고 있다. 이러한 사실은 천황제에 대한 일본국민들의 지지하라은커녕, 오히려 여성천황을 세워 보다 더 열린 황실을 만들고 이를 통해 국민 과의 거리감을 지금보다 더 좁혀가자는 쪽으로 여론이 움직이고 있음을 의미한다.

이런 흐름을 의식하여 일본공산당도 2004년 1월, 신강령을 채택하여 천황제와 자위대를 인정하는 입장을 만장일치로 결의하였다. 이제까지 공산당의 공식입장이었던 천황제의 즉시 폐지 강령을 삭제하는 대신에, 천황제의 존폐문제는 '국민의 총의에 의해 해결되어야 한다'는 내용을 대치하여 삽입한 것이다「마이니치신문」, 2004.1.17). 이는 곧 패전 이후 일관되게 천황제폐지를 주창해왔던 당의 노선을 드디어 포기하고, 앞으로는 국민들의 정서와 부합하는 쪽으로 당의 진로를 모색해 보겠다는 의도이다.

돌이켜보면 쇼와 천황의 죽음과 헤이세이[平成] 천황의 등장은 고통과 영광으로 얼룩진 20세기를 마무리하고, 어떻게 새로운 시대를 열어야 하는가를 일본인들 스스로가 자각해야 한다는 것을 일깨위준 사건이었다. 그러나 일본은 당시에도 자기검증의 계기를 통해 국제사회에서 책임 있는 모범국가로서 다시 한 번 새롭게 탄생할 수 있다는 확신을 국제사회에 인식시키지 못했다. 일본인들의 자기성찰의 실패는 일본사회의 후진성을 대변하는 것이기도 하지만, 다른 한편으로는 21

세기의 국제사회에서 요구되는 국가적 도덕성에 치명적 결함이 될 수도 있고, 나아가 일본의 국제공헌에의 의미를 감소시키는 중요한 요인이 될지도 모른다.

우리는 일본인들의 생각이 분명히 우리와 다르다는 것을 알아야 한다. 그것을 제대로 인식하지 않으면 우리는 엄청난 고통을 치르며 경험한 역사의 교훈을 또다시 허무하게 날려버릴지도 모른다. 천황의 중태와 사망을 통해 조성된 일본사회의 천황숭배정국은 우리에게 일본인과 천황과의 관계를 포함한 천황제 이데올로기의 가공할 위력을 실제로 체험할 기회를 제공해주었다. 그럼에도 불구하고 김대중 전 대통령은 천황방한 실현을 위해 한때 구애(求愛)에 가까운 외교적 노력을 총동원하기도 했다(김필동, 『리액션의 예술 일본대중문화』 참조). 노무현 대통령과 그 측근은 이 문제를 서두르지 않고 있다. 이유는 기술하고 싶지 않지만 정말 다행스러운 일이다.

아시아에서 유일한 미방문지인 한국방문을 실현시킴으로써 역사의 아픔을 청산하겠다는 의지의 표현이 과연 불행했던 한때를 깨끗이 청산하고 진정한 미래지향적인 한일관계구축을 위한 대승적 차원의 발로인지, 아니면 개인의 치적을 역사에 기록하기 위한 사랑방 차원의 발로인지는 머지않아 역사가 엄정하게 평가할 것이다. 하지만 한 가지 분명한 것은 천황방한의 문제를 향후에도 국민적 합의 없이 치적에 급급하는 정권적 차원에서 접근하여 실현시키는 우를 범한다면 무모한 '햇볕정책'이 초래한 후유증과 같은 것을 우리사회는 또다시 경험하게 될 것이고, 그것은 미래지향적인 한일관계의 구축에도 결코 긍정적인 영향을 미치지 못한다는 사실이다. 정치권의 신중한 접근을 다시 한 번 촉구하는 바이다.

일본적 가치의 명암

'일본적 가치'의 형성

　일본의 사상이나 일본인의 의식구조를 연구하는 많은 연구자들은 일본인의 발상형태나 내발적 사고양식의 특질을 생각할 때, 집단적 무의식의 기층에 있어서 하나의 전형적인 사상과 행동양식이 존재한다는 사실을 끊임없이 제기해왔다. 그리고 그 과정에서 비합리적이고 일본특유의 특수주의적이며, 폐쇄적 성격이 특징적으로 나타나고 있음도 밝혀내었다. 물론 이에 대한 반론도 만만치 않은 것이 사실이지만, 이러한 통설을 부정할 수 없다는 것 또한 명백한 사실이다. 다케다 기요코[武田淸子] 교수도 언급하고 있는 것처럼 가족주의적 공동체관에 기초하고 있는 집단주의나, 마을의 수장이 동시에 종교적 권위를 보유하는 공동체관(이 경우는 '신인합일신앙'을 중심으로 하고 있다.), 그리고 샤머니즘이나 천황제적 가치의식 등은 여전히 일본인의 의식이나 사회관계에 있어 아직까지도 뿌리 깊게 남아 있는 일본적 특징이고(『일본문화의 감추어진 형』), 그 가치체계에는 도저히 이해할 수 없는 비합리적인 요소들이 많은 것이 사실이다.

이러한 가치체계형성의 이면에는 지배이데올로기의 역할도 지대하였다. 일본사회의 지배이데올로기는 오랫동안 국민들로 하여금 자발적으로 국가나 지역의 발전을 위해 봉사할 수 있는 정신을 요구하며 일본사회가 기대하는 인간상이라는 것을 끊임없이 주창해왔다. 그 논리를 국민들에게 납득시키기 위해 지배자들은 '일본인이라는 사실을 잊어서는 안 된다.'는 것을 강조하였고, '우리의 생명의 근원에는 민족의 생명이 있다.'고 하는 신비주의를 조장하였다. 또 '가정에 있어서의 사랑이 애국심의 발로임을 주입시켰고, 그 연장선상에서 '천황에의 경애'를 일방적으로 강요하면서 한편으로는 '일본의 아름다운 전통'이나 '일본인의 뛰어난 국민성'을 가사처럼 읊어대며 국민들의 정신세계를 지배해갔다(田畑稔外, 『현대일본의 교육이데올로기』).

그렇게 저변의 공동체적 구조를 유지한 채 이것을 천황제 관료기구에 링크시키는 기능을 법적으로 가능케 한 것이 지방자치제이고, 그 사회적 매개가 된 것이 '공동체를 기초로 하는 지주=명망가지배'이며, 의식적으로 그 결합을 이데올로기화한 것이 소위 '가족국가관'이라는 것이다. 이 동족적 유대와 구관(旧慣)에 의해 성립된 부락공동체는 그 내부에서 개인의 석출(析出)을 허락하지 않는다는 점, 결단 주체의 명확화나 이해의 노골적인 대결을 회피하는 정서적이고 직접적인 결합태(態)이자 아울러 '고유신앙' 전통의 발원지라는 점, 또 권력(특히 入会나 水利의 통제를 통해 이루어짐)과 온정(親方子方関係)의 즉자적(即自的) 통일이라는 점에서 전통적 인간관계의 '모범'이고 '국체(国体)'의 최종적인 '세포'를 이루고 있었다고 한다. 따라서 근대화에 동반하는 분열·대립 등, 정치적 상황을 발생시키는 요인이 정점인 '국체'와 마찬가지로 저변의 '자치체' 내부에서 발생하는 것을 모든 방법을 동원하여 제거하는 것이 메이지로부터 쇼와에 이르기까지 일관된 지배층의 배려였다는 것이다(丸山眞男, 『일본의 사상』).

마루야마 교수의 분석을 통해 우선 확인할 수 있는 사실은, 근대일본의 발전의 다이나미즘이라고 하는 것이 결국은 중앙을 기점으로 하는 근대화의 논리가 지방과 하층에 파급·하강해 가는 과정이라는 것, '마을' 혹은 '향당사회'를 모델로 하는 인간관계와 제재(制裁)양식이 저변으로부터 솟아올라 모든 국가기구나 사회조직의 내부에 전위(転位)해가는 과정이라는 것, 그리고 이 양방향의 무한왕복으로부터 성립되었다는 것 등이다. 요컨대 정점으로부터 국민 개개인에 이르기까지 완벽한 정서적 제도적 일체화를 이룩하여 철저한 관리지배사회를 구축할 수 있었던 것이 바로 일본의 근대화과정의 본질이고, 그 과정은 역설적으로 보면 국민의 의식세계를 완벽하게 지배하고 장악한 과정이었다는 것이다.

그 결과 일본인들은 독립된 자아에 의거하여 국가의 이데올로기를 비판하는 능력을 함양하지 못한 채, 국가의 관리체계에 예속된 몰아(没我)적 가치관으로 하강하는 이데올로기를 무비판적으로 받아들이게 되었다. 일본의 대표적 사상가인 야스마루 요시오 교수가 최근의 저서에서 "전후 일본의 사상이나 사회에 대해서 비판적 입장에서 비평을 거듭해왔지만, 그것은 주어진 경기장과 거기서 허용되고 있는 룰의 범위 내에서였는지도 모른다. 그리고 나의 지적영역에 어떤 지속성의 감각이 있다고 한다면 그것은 전후의 일본사회가 기본선에서는 우(右)편향적인 연속성을 갖고 있고, 우리들의 무자각 속에 그러한 사회에 지배당하고 있다는 것이다."라고 회고한 것은(『현대일본사상론』), 지식인들조차 일본사회가 구축해온 이데올로기의 지배로부터 쉽게 벗어나지 못하고 있었음을 대변하고 있다.

게다가 관리사회의 구축과정에서 달성한 일종의 '성공신화'는 일본인들로 하여금 멸사봉공의 정신이야말로 시대적 요청이라는 사실을 자연스럽게 수용하게 만들었고, 동시에 배타적이고 우월적이고 집단 지향적인 정서를 정당화시키는 계기를 제공하였다. 일본인들의 의식형태로서 자주 거론되고 있는 촌민의식, 시민의식, 현민(県民)의식, 기업제일주의의식, 국가의

식, 민족의식 등에는 한결같이 배타적이고 가족공동체적 관념이 저변에 흐르고 있고, 이러한 의식구조는 유감스럽게도 오늘날까지 일본인의 행동양식을 규정하고 있는 기본적인 가치관이기도 하다.

'전후가치'의 형성

전후 일본은 패전 직후로부터 약 10년간은 허탈과 실의, 그리고 정신적 공황상태를 경험하면서도 재건과 전후부흥에 몸부림쳤고, 1950년대 중반 이후에는 경제부흥의 토대를 완전히 다지는 저력을 발휘했다. 1960년대에는 공업화와 고도경제성장의 열기로 열도의 밤낮이 없을 정도였고, 1970년대에는 고성장의 후유증과 가치관의 다양화, 그리고 세대 간의 갈등에도 불구하고 일본적 아이덴티티의 추구에 열을 올렸으며, 1980년대에는 하이테크시대를 선도하고 '세계 속의 일본'을 외치면서 경제대국의 저력을 마음껏 뽐내기도 했다.

그 과정에서 일본사회는 폐허로부터의 탈출과 세계가 주목하는 번영과 성공을 이룩하였지만, 개인에게는 끊임없이 '기대되는 인간상'이라는 것이 강조되었다. 일본의 교육목표의 첫 번째가 '일본인으로서의 자각을 가진 국민'이라는 것에서 알 수 있듯이, 이 정서의 특징은 '교육기준법은 국적불명의 것'이라고 하는 비판적 시각에 맞서 '일본', '일본인'을 전면에 내세우고 있다는 것, 즉 '자각하고 있는 일본인'의 대극에 '정신적 이상이 결여된' 이기주의나 향락주의, 그리고 '일본을 잊은', '추상적 관념적인 세계인'을 놓아 그것을 비판한다는 것이다.

그러나 국가와 개인의 일체성의 강조가 가족국가관에의 회귀를 의미하는 것은 아니다. '문화적으로도, 정치적으로도 일종의 위기상태에 있는' 복잡한 국제정세 하에서 '이미 주어진 나라가 되어가고 있는' 일본의 정치·경제 전략의 첨병이 될 만한 '세계에 통용되는 일본인'의 역할을 강조하는 것이다. 이것은 공동체 의식에 매몰하여 자아를 잃어버린, 무자각적이고 수동적인 인간에게는 어떤 기대도 할 수 없다는 의미로, 요컨대 '독립된 인간'으로의 자각을 갖고 '일본의 사명'을 자기의 사명으로 받아들이며 '자발적으로 봉사할 수 있는 정신'만이 필요하고 그것만이 강조된다는 것이다(田畑稔外, 『현대일본의 교육이데올로기』). 이렇게 형성된 획일적이고 폐쇄적인 '일본적 정서'는 시공을 초월하여 전승되고 있다.

이자야 벤다산이 1970년대 중반에 쓴 한 저서에 의하면, 일본의 신문·잡지를 보고 있으면 끊임없이, 그리고 집요하리만치 강조되는 말이 있었다고 한다. 그것은 '우선 인간이 되라.'는 주장으로, 예를 들면 '교사이기 이전에 인간이 되라.' '정치가이기 이전에 인간이 되라.' '재판관이 되기 이전에 인간이 되라.' '관리이기 이전에 인간이 되라.' '학자이기 이전에 인간이 되라.'는 등을 비롯해 심지어는 '부모이기 이전에 인간이 되라.'는 말까지 있다고 하면서, 일본사회가 이렇게 '인간됨됨

이'를 강조하는 이유는 한마디로 '우선 일본교도가 되라.'는 것이고, 이것을 다른 말로 표현하면 '일본교의 교의(인간규정)에 충실하라.'는 것을 의미한다는 것이다(『일본교에 대해』). 즉, 소위 일본사회가 규정하고 일본의 조직이 규정하는 '인간=일본인'이 되어야만 일본사회에서 무리 없이 살아갈 수 있다는 가치관이 일본사회에서 줄곧 강조되고 있다는 것이다.

실제 이 논리는 일본인의 행동규범으로서 범사회적으로 요구되고 있는 일련의 정서, 즉 '성실히 하라(まじめにやれ)' '확실히 하라(しっかりやれ)' '최선을 다하라(がんばれ)' '열심히(一生懸命)' 등의 가치에 의해 실천적으로 떠받쳐지고 있다. 이러한 가치들은 근대화의 시대나 군국주의 시대, 전후의 부흥이나 일본의 위기시나 때와 대상을 가리지 않고 일본인의 행동규범으로서 한결같이 강조되어져왔다. 특히 '간바레(がんばれ)'는 일본인들이 가장 즐겨쓰는 격려문구로서, 심지어 신혼여행을 떠나는 신혼부부들이나 파칭코를 하는 동료에게도 일본인들은 "간바레"를 외친다.

되돌아보면 전후일본은 생존을 위한 처절한 몸부림에서 풍요로운 물질문명의 시대를 거쳐 정신과 문화적 가치에 비중을 두는 시대로 사회일반의 가치변화를 추구해갔고 그 변화도 일정부분은 성공적으로 이루어졌다. 하지만 개개의 일본인들은 '기대되는 인간상'이라는 굴레로부터 벗어나지 못한 채, 전가의 보도라 할 수 있는 근면, 검약, 정직이라는 '통속도덕'을 바탕으로 자신을 희생하며 조직의 안정과 발전을 최우선시하는 집단지향적 가치관을 이상화시켜버렸고, 정부나 기업은 저변으로부터의 멸사봉공의 충성심을 사회·국가적 차원으로 승화시키는 관리시스템의 구축에 성공하면서 이른바 일본인에 의한, 일본인을 위한, 일본사회의 '전후가치'가 완성된 것이다.

이 가치는 경제부흥의 신화를 등에 업고 사회 구석구석을 침투하여 일본인들의 의식세계를 강하게 장악해갔고, 그것을 뒷받침하는 기술개발과 경제성장은 일본인들로 하여금 관리체제의 효율성을 쉽게 맹신하도록 만들어버렸다. 그 결과 일본인들은 가노 마사나오[鹿野政直] 교수도 지적하고 있는 것처럼 자신들이 상품과 똑같이, 아니 상품의 하나로서 '품질관리'의 대상으로 전락해버렸다(『「조도」는 들어 있는가』)는 사실조차 깨우치지 못한 채, 오로지 조직에의 자발적인 충성과 살신성인의 정신만을 강요받는 무기력한 객체로 추락하고 말았다. 적어도 관리사회의 시스템 속에 스스로를 맡기고 있으면 신분은 보장받을 수 있다는 만족감에 충만한 나머지, 점점 비인격화되어가고 조작의 대상으로 변해가고 있는 자신을 발견하거나, 혹은 결함 때문에 언젠가는 관리의 대상에서 배제될지도 모른다는 사실에 대해서는 조금도 심각하게 생각하지 않았다.

이러한 사고가 전후 일본인들의 의식세계를 지배하고 있는 상황에서 고도경제성장과 하이테크시대를 선도해온 일본적 가치, 이른바 멸사봉공의 정신, 화혼양재의 사상, 집단적인 조직문화, 관민협력체제, 노사화합의 정서 등은 일본의 성공신화를 창조한 일본의 전통적인 문화로 간주되며 한동안 세계인의 부러움을 사기에 충분했다. 하지만 일본적 가치가 본격적으로 국제사회로부터 주목받기 시작함과 동시에 국제문화와의 공존 속에서 일본인들의 '정신적 빈곤'을 노출시키는 치명적 한계를 드러내기도 했다.

R.M. 토케이어에 의하면, 전후일본은 고도의 경제성장을 통해 급속히 풍요로운 사회가 되었고, 오일쇼크 이후에도 여전히 선진공업국 가운데 가장 높은 성장률을 보였으나, 이 화려한 외모의 그늘에서 일본의 질환이 완만하기는 하지만 확실히 진행되고 있었다고 한다. 그것을 '일본병'이라 명명한 그는 과거의 '영국병'과 비교하여, 영국의 경우는 경제가 침체하고 있어도 개인은 정신을 차리고 있었지만, 일본의 경우는 사회는 번영하고 있어도 개인은 한 사람 한 사람씩 정신을 잃어가고 있다고 하였다. 덧붙여 그는, 일본의 경제가 표면적으로는 활력을 지니고 사회가 힘을 길러가고 있는 것처럼 보이나, 내부는 급속히 병들어가서 어느 날 갑자기 와해될지도 모른다는 극단적인 전망까지 내놓기도 했다(『일본병』). 마치 메이지 초기에 후쿠자와 유키치[福沢諭吉]가 말한 '개인의 독립 없이는 국가의 독립이 없다.'는 명제를 다시 한 번 강조하고 있는 듯한 그의 지적은, 주체적인 삶을 살아가지 못하는 일본인들의 삶의 양식을 냉철히 비판한 것이었다.

그러나 1980년대까지만 하더라도 일본사회는 외부의 이러한 비판에 그다지 귀를 기울이지 않았다. 1970년대 말 에즈라

보겔 교수가 『Japan as NO.1』을 통해 미국인들에게 일본의 교훈을 강조하며 미국도 2류국가가 될 수 있음을 강조했으나 당시의 미국인들에게는 전혀 어필되지 않았던 것처럼, 일본인들도 자신들을 향한 외부의 비판적인 시각을 받아들이기에는 경제적 상황이 너무나 긍정적이었고, 사회적 상황 또한 매우 안정적이었다. 모든 상황이 긍정적이었으니 굳이 내부반성을 해야 할 필요가 없었는지는 모르지만, 경제적 부를 바탕으로 세계를 향해 화려한 외출을 시도한 일본의 전후가치가 냉전체제 붕괴 이후 미국이 주도하는 글로벌스탠더드와 충돌하여 좌초하면서부터는 일본인들과 일본사회의 자기상황인식도 변하기 시작했다.

'전후가치'의 폐색감

1990년은 일본경제에 있어 파란만장한 일 년이었다. 실질 경제성장률은 예상보다 훨씬 높았음에도 불구하고 주가는 예상과는 달리 폭락하는 현상이 발생했기 때문이다. 전후 대표적인 호경기를 구가하면서도 금융경제의 측면에서는 사상최대의 주식폭락을 기록하게 된 이 새로운 현상에 대해 「니혼케이자이신문」(1991.6.24)은 "주식시장의 부진은 심각하다. 실체경제는 (중략) 국민 총생산의 속보에서도 알 수 있는 것처럼, 감속기조에는 있지만 순조롭고 세계적으로 본 일본경제의 펀더멘탈도 매우 양호하다. 이 차이는 무엇을 의미하고 있는 것일까?"라고 언급하며 일본경제에 대한 의문을 제기하기 시작했다. 그리고 이런 사실은 일본사회로 하여금 "세계경제구조에 최근 들어 근본적인 변화가 일어나고 있는 것은 아닐까" 하는 의구심을 자아내게 만들었다(宮崎義一, 『복합불황』).

『뉴스위크』의 칼럼니스트인 피터 타스커는, 이런 현상을 일본인들의 '부의 자기붕괴'를 동반한 '완전히 새로운 혼란'이자, 거국적으로 보면 '일본형 모델'의 붕괴를 의미하는 것이라고 단정했다(*The End of Japanese Golden Age?*). 이를 반영하듯 이 무렵부터 일본사회에는 일종의 '폐색(閉塞)감' 같은 것이 감돌기 시작했다. 이대로는 일본사회가 더 이상 발전하기 어려울지 모른다는 사실과 현재의 풍요로움을 더 이상 유지할 수 없을지도 모른다는 우려감이 일본사회에 확산되고 있었던 것이다. 그리고 그 우려감은 기적 같은 전후의 고도경제성장이나 오일쇼크, 그리고 엔[円]강세로 이어지는 위기를 극복하고 경제대국을 구축한 일본인들의 자긍심을 뒤로 한 채, '어떻게 하면 현재의 상황에서 확고한 세계 속의 일본으로 거듭날 수 있는가'라는 관점으로 전환되기 시작했다.

일본 국내외의 지식인들과 기업가들을 비롯해 국제평론가나 연구소, 언론 등의 관계자들은 앞장서서 이러한 흐름을 주도해 갔다. 그들은 "현재의 위기가 이전에는 경험하지 못한 새로운 일본의 위기"라고 부르짖으면서 현실에 대한 차가운 비판과 다양한 주문들을 쏟아내었다. 패러다임의 변화로 인해 발생한 세기말의 위기의 기로에서 개혁과 변화를 통해 일본사회가 거듭나야 한다는 것이었다. 그 변화로의 움직임이 표면적으로는 결코 왕성하지 않았지만, 경제계와 정계로부터 교육계를 포함해 사회문화영역 등의 내부로부터 솟아나기 시작한 개혁에의 열망만은 뜨겁게 달아오르고 있었다.

국제평론가인 오치아이 노부히코[落合信彦]는 가치관이라든가 사고방식, 판단기준 등 모든 것에 있는 세계 공통의 바로미터를 상식이라고 일컫지만, 이 '세계의 상식'을 일본인만 전혀 모르고 있다고 한다. 특히 외교나 정치, 금융계, 그리고 개개인의 일본인에 이르기까지 그 차이가 너무나 크다고 하면서, 이를 볼 때 현재 일본은 '정신적 발전도상국'에 지나지 않는다고 규정했다(『일본의 상식을 버려라』). 일본이 경제대국으로 부상했으니 일본의 문화를 외국에 전파하는 것은 당연한 일이고, 나아가 외국이 일본의 문화를 이해해주기를 기대하는 것은 일본인들의 입장에서 보면 당연지사처럼 보일지 모르나, 이것은 어디까지나 일본인들의 오만이자 착각에 불과하다는 것이다. 국제화시대에 필요한 것은 외국이 일본을 이해하기를 기다리는 것이 아니라, 일본이 세계의 상식을 이해하면서 일본에서만 통용되는 '일본의 상식'을 버리는 것이 오히려 순리라는 논리이다.

가치관의 문제뿐만 아니라 전후가치를 주도하고 그에 편승해온 정치·행정시스템도 이제는 한계에 다다랐다는 지적이 잇따랐다. 마사무라 기미히로[正村公宏] 교수에 의하면, 그동안 일본의 정치·행정시스템은 상당히 커다란 대가를 지불해오기는 했지만, 어느 범위 내에서는 '성공'을 거듭해왔다고 한다. 실제 일본의 매크로 정책은 가끔 매우 빈약하고 현저하게 사후약방문식이라 혼란을 증폭시키는 것에 불과했지만, 정부는 마이크로의 강함에 힘입어 상황의 변화에 '적응'하는 노력을 거듭하며 실패를 극복해올 수 있었다고 한다. 그러나 일본의 국민이 이제까지처럼 '상황적응적', '전술처리적'인 방식으로 문제점에 대응해 간다면 앞으로는 제대로 대응할 수 없는 많은 문제점이 발생할 것이라고 경고했다(『어디로 가는가 일본』).

요컨대 정치·행정시스템에 있어서 더 이상 기능할 수 없는 이제까지의 전술적이고 단기 지향적인 대응방식을, 전략적이고 장기지향적인 방식으로 개혁하지 않으면 국제사회에서 일본의 미래는 결코 보장되지 않는다는 것이다. 전후 일본의 영광을 가져온 일본사회의 시스템과 일본인의 가치관이 이제는 세계의 상식과 충돌만 일으키는 구시대적인 유산이 되어버렸다는 것, 그리고 이 전후가치로서는 시대를 선도하면서 새로운 상황을 창출하고 이끌어가는 것이 불가능하다는 것 등은 당시 지식인들에 의해 제기된 주된 내용들이었고, 이러한 지적들은 1990년대 일본사회에서 비판적 지식인들이 줄기차게 제기한 시대적 과제이기도 했다.

전후가치의 변화를 촉구하는 많은 식자들의 주장에 대해 일본사회의 일각에서는 "일본적 특수환경을 무시한 지나친 서구적 시각"이라는 반론도 만만찮게 제기되었지만, 세계의 보편적 상식에서 보면 일본사회는 카렐 반 월프렌이 지적하고 있는 것처럼 분명 '인간을 행복하게 하지 않는 시스템'을 갖고 있는 특이한 나라라고 해도 무방할 것이다. 자유진영 가운데 가장 사회주의 성격을 갖고 있는 나라가 일본이라고 하는 말은 언뜻 들으면 이해가 안 가는 말처럼 들릴지 모르지만, 그것은 그만큼 개인의 자유가 제도나 관습, 문화 등에 의해 구속되고 있다는 것이고, 사회적으로 지향하는 가치관의 추구가 전반적으로 획일적인 성향을 띠고 있다는 것을 의미한다.

전후가치의 한계와 일본인의 삶의 양식에 있어서 긍정적인 부분이나 부정적인 부분은 실은 아이러니컬하게도 일본의 고도경제성장과 일본의 번영, 그리고 일본사회의 적극적인 해외진출과정에서 그 실체가 명확히 드러나기 시작했다. 그럼에도 불구하고 그동안 일본사회는 경제대국으로 비상할 때까지 오로지 앞만 보고 달려왔을 뿐, 자신들의 전후가치가 어떤 한계를 안고 있는지, 또 그것이 국제사회의 일반적인 가치와 어떠한 충돌을 일으키는지에 대해서는 구체적인 검증을 소홀히 했다는 비판으로부터 결코 자유로울 수는 없었다. 그 한계가 1990년대의 국제정세의 변화와 함께 총체적으로 드러나면서 일본의 혼미도 가중되어가는 듯했지만, '잃어버린 10년' 동안 일본은 끊임없는 자기비판과 반성을 통해 스스로의 해법을 차분히 모색해가는 저력을 발휘했다.

그 반성과 변화가 궁극적으로 어떠한 형태로 총론화되어 나타날지에 대해서는 아직도 지켜보아야 할 점이 많고 외교·군사적으로는 우려되는 부분도 많은 것이 사실이나, 일단은

'경제대국의 부활'이라는 형태로 나타나고 있는 것은 명약관화하다. 경제대국 일본의 화려한 부활은 분명 우리에게는 향후 고통스런 결과를 가져다 줄 것으로 예상되지만, 그럼에도 불구하고 우리의 입장에서는 국제사회가 요구하고 있는 정신과 문화의 빈곤, 그리고 그에 근거한 채 타성화되어 있는 '일본병'을 일본사회가 어떻게 극복해가고 있는지에 대해서는 끊임없이 관심을 기울일 필요가 있다. 일본의 혼미와 변화는 싫든 좋든 우리가 경험하게 될 우리의 내일일 수 있다는 또 다른 이유가 항상 존재하기 때문이다. 그만큼 우리에게 있어서 일본은 '피곤한 이웃이자 방심해서는 안 될 두려운 이웃'이다.

왜 일본을 주목해야 하는가

세켄의 시선과 집단주의 정서

일본어에는 '세켄[世間]'이라는 단어가 있다. 포괄적으로 해석하면 '세상일반의 시선'을 의미하는 것이지만, 이 말이 일본사회에서는 타인을 비난하는 경우에 흔히 사용되기도 한다. 그 대표적인 사례가 바로 '세상이치를 모르는 놈(世間知らずの奴)'이라는 험담이다. 이런 험담을 듣는 사람들은 일본사회에서 정상적인 인간관계나 사회생활을 유지하기 어렵다는 것을 의미한다. 왜냐하면 이것은 일본사회에서 보편적으로 요구되는 행동양식으로부터 일탈한 모습을 보이고 있는 사람들을 지칭하는 표현이기 때문이다. 그만큼 세켄의 정서는 일본사회

의 일상문화에서 중요한 의미를 차지하고 있고, 일본인들 또한 이를 의식하며 살아가는 것을 마치 일상의 '의무'처럼 생각하고 있다. 역사학자인 아베 긴야[安部謹也] 교수는 이것을 서구에 없는 일본사회의 독자적인 생활형태로 간주하고 있다.

그에 의하면 메이지유신 이후 일본은 서구의 사상과 기술, 그리고 개인의 사상을 수용했지만, 구미에서 수백 년에 걸쳐 형성된 '개인'을 일거에 받아들이는 것은 불가능했다고 한다. '소사이어티 *society*'라는 단어가 '사회'라는 단어로 번역된 것이 1877년이고, '인디비주얼 *individual*'이라는 단어가 '개인'이라고 하는 단어로 번역된 것이 1884년이었다고 한다. 그러나 그로부터 현재까지 일본에서 사용되고 있는 '개인'이라는 단어의 실질적 내용은 구미의 인디비주얼과는 결정적으로 다를 뿐만 아니라 제대로 이해조차 하지 못하고 있는 실정이라고 한다. 그도 그럴 것이 일본은 세켄이라는, 이른바 사람과 사람과의 끈이 있고, 그것이 개인을 구속하고 있기 때문이라는 것이다. 즉, 일본인들은 세켄 속에서 튀지 않는 것을 언제나 중요하게 생각하기 때문에 전체의 의견과 다른 자신만의 의견을 내는데 매우 소극적일 뿐만 아니라, 복장이나 태도도 세켄과 맞추지 않으면 안 된다는 강박관념에 얽매인 채 생활하고 있다는 것이다(『일본인의 역사인식』).

항상 주위의 시선을 의식하면서 살아가는 것이 일본인들에게는 숙명적인 삶의 양식이라는 주장이지만, 이것이 일본의 전통적인 사회문화풍토라면 그 속에서 개성적이고 창의적인 삶을 살아가기란 원초적으로 불가능할지도 모른다. 일본의 집단주의가 개인이나 소수의 돌출적인 행동을 결코 용납하지 않는 것도 바로 이런 문화풍토에서 형성된 것임은 두말할 나위도 없다. 따라서 일본인들은 항상 세켄을 의식하며 끊임없이 절제된 행동을 스스로에게 강요하며 살아갈 수밖에 없었다. 그러다보니 일본인들은 전통적으로 어릴 때부터 공동체적 가치관을 통해 해서는 안 되는 것을 먼저 배우고, 남에게 폐를 끼쳐서는 안 되며, 개인의 이익보다는 공동체의 이익과 안정을 우선시하는 가치관 등을 자연스럽게 몸에 익히며 성장했다.

그 과정에서 일본인들은 집단주의 문화의 안정과 번영을 유지하기 위해 필요한 사회적 장치를 '제도'에 의존하는 것이 아니라, 세켄과 같이 다수에 의한 공통의 '가치판단'이나 그에 근거한 '관행' 등에 의지하려 했고, 또 그렇게 보이지 않는 '사회적 압력' 속에 자신의 행동을 규제해왔던 것이 사실이다. 이것이 공동체의 화합과 원만한 질서유지를 위해 노력한 그들의 드러나지 않는 '삶의 지혜'였는지도 모른다. 이러한 문화 속에서 일상화된 생활의 지혜가 시대에 따라 다소 퇴색되거나 부침을 거듭해온 것은 사실이지만, 이것이 일본사회에서 오랜 역사를 거쳐 형성된 국민적 정서이기에 그것을 함양하고 있는 기본적인 문화토대 또한 쉽게 변치 않는 것이 일반적인 현상이기도 하다.

1980년대 이후 이에 대한 일본사회에서의 자아비판이 조금씩 이루어지면서 개인의 존재의미를 부정하는 집단매몰적 가치관은 이제 더 이상 일본인들의 기본적인 삶의 안정과 번영을 보장하지 못할 것이라는 주장들이 잇따라 제기되었다. 이와 함께 그동안 일본의 번영과 성장의 밑거름이 되었던 일본적 관리시스템으로는 21세기의 산업을 융성시킬 수 없다는 사실에도 어느 정도 국민적 공감대가 형성되며 비판의 목소리가 높아지기 시작했다. 그래서 일본사회에서는 낡은 일본적 시스템을 개조하려는 사회적 노력이 지금도 이어지고 있고, 동시에 그런 국민적 열망을 미래지향적인 활력으로 탈바꿈시킬 수 있는 '새로운 타입의 리더그룹'의 출현도 고대하고 있다.

일본의 경제인들이 자주 언급해왔던, "일본의 기업에는 '얼굴'이 없다."는 말도 개성적이고 이질적인 인재를 싫어하는 일본기업의 특징을 반영해온 말이고, 지난날의 고이즈미 열풍도 새로운 리더십을 요구하는 일본인들의 열망을 반영한 현상이다. 몰락한 닛산을 재건한 것도 일본인이 아니었고, 일본의 대표적 반도체회사인 엘피다메모리(NEC와 日立의 합병회사)를 이끌고 있는 사카모토 유키오[坂本幸雄] 사장도 일본적 시스템에서 성장한 사람이 아니다. 일본적 시스템에서 성장한 일본경영자들의 개인적인 능력이 미국의 경영자들보다 일반적으로 떨어진다는 것은 익히 알려진 사실이다. 따라서 새로운 리더그룹이 일본사회에 새로운 활력을 불어넣는 전도사처럼 인식되고 있는 것은 어쩌면 당연한 결과인지도 모른다(지금 일본사회의 각종 조직에서 개혁을 주도하고 있는 인물들의 대부분은 이렇게 외국인이나 외국에서 성장한 일본인들이다).

그 어느 나라보다도 폐쇄적인 민족으로 알려진 일본사회가 외부자(外部者)들의 능력을 받아들이기 시작했다는 것은 스스로의 한계와 변화에 대한 필요성을 그만큼 강하게 느꼈기 때문인지도 모른다. 그럼에도 불구하고 일본의 식자층에서는 여전히 일본적 정신의 형해화(形骸化) 내지는 일본적 도덕률의 상실에 대한 우려의 목소리도 드높이고 있다. 그들은 일본의 정신을 상실하거나 혹은 부정하는 것은 곧 일본을 부정하는 것으로서 결국은 일본의 파괴로 이어질지 모른다는 논조로 자신들의 '우려'를 적극적으로 주장하고 있다. 그러나 일본의 긴 역사를 돌이켜보면 일본사회가 일본의 정신을 상실한 적은 한 번도 없었다. 현재 진행되고 있는 일본의 자기변화의 물결도 결국은 자신들의 전통적인 정서인 일본의 정신에 미국발 문명체계를 접목시키려는 화혼미재(和魂米才)의 현상에 지나지 않는다. 즉, 디지털 문명을 선도해간 미국의 능력을 일본의 발전적 변화를 위한 수단으로 활용하고 있다는 의미이다.

근면함에 근거하고 있는 '열심히(一所懸命)'의 정신과 지칠 줄 모르는 도전정신으로서의 '힘내라(がんばれ)'의 의식은 여전히 일본사회에서 일본인들의 확고한 행동양식으로서의 위력을 유지하고 있다. 게다가 집단주의 가치를 존속시키는 데 일조해온 각종의 관행도 여전히 그 위세를 떨치고 있다. 기업에서의 인간존중과 기술혁신, 그리고 기업제일주의 의식 같은 일본기업문화의 근간도 무너질 조짐이 전혀 보이지 않는다.

많은 사람들이 동의하고 있는 일본적 경영의 붕괴도 실은 그 형태가 시대에 맞게 형태적 변화를 모색하고 있는 것이지 그 근간을 일본인들이 근본적으로 무너뜨리고 있는 것은 아니다. 종합적으로 보면 21세기에의 문명의 변화에 즈음하여 일본사 회는 자신들이 나아가야 할 방향을 잠시 모색하고 있다는 느 낌을 지울 수 없다.

닛산을 개혁한 카를로스 곤은 "일본인들은 목표가 설정되 면 무서운 결집력을 보이며 총력을 기울여 매진한다."고 했다. 이것이 바로 일본의 저력이고 일본적 관리시스템하에서 배양 된 운명공동체 의식의 실체이다. '잃어버린 10년'을 통해 일 본적 시스템의 한계를 체험한 일본사회가 그 단점을 극복하 고 자신들의 전통적인 정서와 장점을 살려가면서 그에 따른 목표 가치를 제대로 설정해간다면 일본은 다시 무서운 기세 로 움직일 것이다. 일본적 가치를 훼손시키지 않으면서 변화 와 혁신을 통해 일본경제를 이끌어가고 있는 도요타를 보면 일본적 가치의 토대가 얼마나 튼튼한 것인가를 새삼 확인할 수 있다.

지배계급의 통합과 사상적 일체와의 강화

역사학자 후지와라 아키라[藤原彰] 교수는 전후 보수정권이 장기화됨에 따라 상징천황제가 점차 전전(戰前)천황제에 가까 운 원수화의 방향으로 움직이고 있지만, 그에 대해 국민은 그

때마다 충분히 항의하지 않고 간과해왔다고 언급한 적이 있다(『상징천황제란 무엇인가』). 국민들의 이러한 방관적인 자세는 지배계급의 이데올로기조작을 언제든지 수용할 수 있는 사회적 기반이 될 수도 있고 그것이 국민들의 의사와는 상관없이 심각한 결과를 초래할 수 있다는 것을 뜻한다. 이러한 점에서 일본사회는 근원적인 문제점을 안고 있지만 이것이 전후부터 현재까지 이어져온 일본사회의 평균적 가치관이라는 사실을 비추어볼 때, 일본인은 향후에도 천황과 천황제에 관련된 사안에 대해서는 변함없이 숭배의 염을 표방할 것이다. 헤이세이 천황의 등장 때 보여준 일본사회의 반응을 보면 쉽게 확인할 수 있다.

일본정부가 결정한 '헤이세이[平成]'라는 연호(元号)에는 나라의 안팎으로도 하늘과 땅에도 평화가 달성된다고 하는 의미가 내포되어 있다. 당시 다케시타 수상은 "새로운 시대의 연호로 사용하기에 가장 적합한 것이 아니겠느냐."고 언급하면서(「아사히신문」, 1989.1.7), 범정부적인 차원에서 신 연호의 홍보에 적극적으로 나서기 시작했다. 자민당의 아베[安部晋太郎] 간사장은 "신 연호인 '平成'의 정신에 입각하여 우리나라 및 세계의 평화와 번영을 위해 전력을 기울일 것"을 주장하였고, 야당인 민사당의 오우치[大内] 서기장은 "새로운 시대의 도래를 나타내는 것이기 때문에 새로운 일본의 출발점이 될 것을 기원한다."고 언급하면서 새로운 천황의 등장과 새 시대의 출발을 기원하는 분위기를 주도해갔다(「마이니치신문」 석간,

1989.1.7). 국제화, 정보화시대의 도래에 즈음하여 아직도 연호를 사용해야 하는가에 대해서는 일부 야당의 반대와 일본사회의 내부로부터의 비판과 혼란도 제기되었지만, 지배계급은 연호를 사용함에 따른 불편함을 감수하면서까지 자신들의 전통을 고수하는 선택을 했다.

일본의 역사를 통해 형성된 통합과 일체화의 지배구조는 향후 정부의 역할이 증대되는 과정에서 한층 위력을 떨칠지도 모른다. 오늘날 모든 국가는 중앙정부의 축소를 주장하고 있고, 실제 지방분권화의 강화를 통해 그러한 방향으로 나아가고 있는 것이 사실이다. 일본도 2001년 행정개혁을 통해 중앙정부의 기능과 권한을 대폭 축소시켰지만, 중앙정부의 부서가 통폐합되고 기능과 권한이 축소되었다고 해서 그 본질적인 역할까지 줄어들지는 않는다. 중앙정부의 기능이 아무리 축소된다 하더라도 국민의 복리증진과 재해대책, 치안유지와 사회안정, 그리고 국가의 주권과 국익을 우선시해야 하는 외교·안보의 역할 등은 결코 축소되지 않을뿐더러 사실상 확대되는 방향으로 나아가고 있는 것이 현실이다.

특히 외교·안보측면에서의 역할확대의 결과가 세계패권의 야망을 노골적으로 드러내는 상황으로까지 이어지리라고는 생각하지 않지만 사상적 일체화를 통해 대외팽창을 자극할 내적 요소는 항상 준비되어 있고, 그것이 언제든지 동아시아의 긴장관계를 확대시킬 잠재적 요인으로 부상할 수 있다는 점은 우리가 반드시 경계해야 될 부분이다. 향후 한일 간의 관계가 아무리 사회·경제적인 측면에서 우호 협력적인 관계로 발전한다 하더라도 이 점에 대해서만은 우리 사회가 절대 긴장을 늦추지 말아야 한다.

게다가 오늘날 고도로 발달한 정보통신문화가 빚어내는 각종의 사회문제와 인간성상실의 문제도 결국은 정부의 역할을 증대시킬 전망이다. 실제 국민들도 이 분야에서 정부의 정책적 대응과 일정의 역할을 강력히 요구하고 있다. 이에 일본정부는 법과 제도적 장치의 정비와 함께 국민들에게 일본인의 정체성을 회복하자는 논리를 동시에 주창하며 대응해 갈 것이다. 일본사회의 개방화 및 국제화의 진전으로 인해 외국인이 증가하면 이의 실현이 어려워질 것 같지만, 일본정부는 이제까지 그래왔던 것처럼 치밀한 동화(同和)정책으로 정부의 의지를 실현해갈 것이고, 그 과정에서 동화되지 않는 부분이나 세력에 대해서는 과감히 배제하는 정책으로 일본사회의 정체성을 확보해갈 것이다. 다시 말해 일본적 가치를 저해하는 세력들에 대해서는 응징의 칼날을 휘두르며 통합과 일체화의 통치문화를 확립해온 지배계급의 헤게모니는 앞으로도 결코 약화되지 않는다는 뜻이다.

우리는 왜 일본을 주목해야 하는가

오늘날 유럽의 자본주의 사회에서는 실업을 포함한 각종의 사회적 병폐가 만연하면서 일정부분 국민의 희생을 강요하는 다양한 정책들이 쏟아지고 있다고 한다. 이를 반영하듯 각국의 정부는 복지 및 의료정책에서 '일본모델'을 도입하기 위해 노력하고 있지만, 이와 함께 유럽의 경영자들도 '일본의 경영을 표본으로'라는 슬로건하에 이윤추구 제일주의, 노동자의 권리를 무시하는 노동관리제도의 도입 등에 혈안이 되어 있다고 한다. 이에 반해 노동계나 사회운동가들은 일본식 스타일의 도입을 맹렬히 반대하고 있고, 그들에게 있어서의 '일본식'은 결코 도입해서는 안 될 악례(惡例)로 간주되고 있다고 한다. 이는 일본적 가치에 근거하고 있는 일본식 스타일은 결코 글로벌스탠더드가 될 수 없다는 사실을 반증하고 있는 대표적인 사례일 것이다. 이런 예를 통해 일본사회의 일각에서는 이렇게 국제사회로부터 환영받지 못하는 '일본모델'은 바로 일본의 국민, 노동자들이 근본적으로 개혁해야 할 내부의 '투쟁목표'가 되어야 한다는 주장을 끊임없이 제기하고 있다(緒方靖夫, 『「후진일본」과 「선진일본」』).

하지만 문제는 그럼 일본식 스타일에 의거하여 구축해온 전후의 영광을 일본적 모델을 타파하고 서구의 가치나 제도를 그대로 도입하게 되면 일본의 성장과 번영을 담보할 수 있겠는가 하는 것이다. 이 점에 대한 일본사회의 답은 아직까지는 대체로 부정적이고, 그래서 일본적 정서의 상실을 우려하는 목소리에 힘이 실리고 있는 것이다. 사실 일본사회의 내부를 자세히 들여다보면, 극복해야 할 '일본병'이 한두 가지가 아니다. 좁은 주거환경과 열악한 출퇴근 환경, 현대판 노예노동으로 일컬어지는 근로현실, 심각한 성차별과 배타적인 민족차별 의식, 소수의 존재의미를 무시하는 집단중심주의 논리, 시민사회의 형성을 저해하고 있는 각종 관리사회문화, 정치문화의 후진성, 맹목적인 대미추종주의 외교노선, 미디어문화의 황폐화, 획일적인 교육시스템, 일거에 조성되는 사상적 일체화 현상 등, 정치·경제·사회·문화적인 측면에서 극복되어야 할 과제들은 무수히 많다.

그러나 이러한 과제들 또한 일본적 가치에 의거하여 형성된 문화현상들이라는 점에서 근본적인 극복은 어려울 전망이다. 일본인의 통속도덕적 사유양식과 집단주의 문화정서, 통합과 사상적 일체화의 지배구조 등이 근본적으로 해체되지 않는 한, 이러한 가치의 한계와 반작용으로 나타나고 있는 일본병 또한 쉽게 치유되지 않는다는 것이다. 부작용이나 반대급부를 동반하지 않는 가치나 제도는 결코 존재하지 않는다. 따라서 일본적 가치의 핵심들에 대해서는 그 부작용에 대한 비판이 끊임없이 제기되고 이에 대한 반론도 치열하게 전개되겠지만, 그를 대체할 수 있는 가치체계가 하루아침에 형성될 수 있는 것이 아닌 만큼, 일본적 가치들은 앞으로도 여전히 다음과 같은 실체로 일본·일본인·일본사회를 지배하리라 생각한다.

첫째, 우선 강력한 통합과 일체화의 사상추구에 몰두해온 지배계급의 통치철학과 일본인들의 천황숭배의 염은 내부적으로는 불멸의 전통문화로 계승될 것이고, 외부적으로는 일본의 팽창주의를 조장하는 근원으로 작용하며 끊임없이 아시아 제국의 우려를 불러일으킬 것이다. 이에 대해 아시아 각국은 궁여지책으로 정치외교적인 측면에서 아시아의 반일벨트의 형성에 주력할지 모르지만, 이 또한 미국과의 강력한 동맹관계를 구축하고 있는 일본의 영향력을 쉽게 무너뜨리는 수단이 되지는 못할 것이다. 경제적인 측면에서도 아시아에는 근본적으로 일본을 압도할 수 있는 주도국이 없다는 점에서 일본의 아시아에 대한 경제적 지배력은 계속 위력을 발휘할 것이고, 이는 설사 아시아의 반일벨트가 구축된다 하더라도 그 효용성을 상당부분 와해시킬 수 있는 토대가 될 것이다. 그만큼 일본의 사상적 일체화의 역사와 그를 통한 팽창주의의 잠재화가 아시아에서는 항상 위협적인 형태로 나타날 가능성이 높다는 의미이다.

둘째, 집단주의 문화에 길들여져 있는 일본인들의 사유양식과 이를 조장하는 각종 제도와 관행 등은, 그것을 대체할 수 있는 획기적인 가치들이 새롭게 정립되지 않는 한 끊임없이 일본사회의 내부조직의 통합을 유도하는 집단주의 문화의 '지원세력'이 될 것이고, 경우에 따라서는 일본인과 일본사회의 배타적 정서를 강화하는 요인으로도 작용할 것이다. 이는 비록 일본사회의 국제화와 일본문화의 세계화가 열매를 거둔다 하더라도 지리적 풍토와 단일민족론의 환상, 그리고 강한 자기몰아(沒我)적 귀속의식으로 인해 그 정서 자체는 결코 쉽게 소멸되지 않는다는 것이다. 그로 인해 이 두 가지 요인 역시 일본의 의사와는 관계없이 앞으로도 계속해서 국제사회로부터 비난과 견제의 표적이 될 가능성이 높다.

셋째, 일본문화의 이러한 한계에도 불구하고 다른 한편으로 일본인의 근면성과 왕성한 호기심이 뿜어내는 화혼양재의 정신, 그리고 조직에의 충성심을 바탕으로 조직과 개인의 공동의 번영을 우선적으로 추구하는 조직귀속주의가치 등은 일본경제의 파워를 지탱하는 근본으로 여전히 그 위력을 발휘하게 될 것이다. 특히 일본의 경제력제고에 결정적인 기여를 해온 일본기업문화(노사화합, 기술개발, 모럴과 충성심이 뛰어난 양질의 노동력, 현장의 목소리를 적극적으로 수용하는 관리문화, 끊임없는 생산성향상, 장기전망에 의한 과감한 설비투자 등등)의 근간이 무너지지 않는 한, 경제성장의 동력 또한 약화되지 않을 것이다. 결국 경제대국으로서의 일본의 지위는 일본적 가치를 토대로 제도적 탄력성을 활용하여 변함없이 유지해 갈 전망이고, 여기에 배타적 팽창주의마저 가미된다면 다시 한번 일본의 파워가 세계를 긴장하게 만들 가능성이 농후하다는 결론이다.

일본의 역사를 되돌아보면, 약 천 년 동안 심각한 민족적 수난 없이 일본적 아이덴티티와 하이레벨의 문화가치를 유지해왔던, 세계에서 유례를 찾아보기 어려울 정도의 시기가 있다. 일본의 문화연구자들은 이를 자랑스러운 일본의 역사로 간주하고 있고, 이런 문화적 전통을 바탕으로 일본사회는 자국의 통합과 번영에 총력을 기울여왔다. 그리고 세계는 그런 일본사회의 자기변모 노력을 칭찬하는 데 주저하지 않았다. 하지만 필자는 통합을 바탕으로 한 일본의 역사발전과정에서 예고 없이 불쑥불쑥 튀어나왔던 일본의 패권적 팽창주의를 결코 간과할 수가 없다. 특히 20세기 일본의 역사를 되돌아보면 더더욱 그러하다.

한국사회가 뉴밀레니엄의 개막에 즈음하여 일본문화의 속성에 주목해야 하는 이유는, 1)일본의 영욕의 20세기를 포함하여 19세기 이전의 일본사와 일본문화가 우리에게 던진 상흔이 너무나 컸고, 2)이에 대한 우리의 반성이 그동안 한 번도 진지하게 이루어진 적이 없었으며, 3)현재 진행되고 있는 '뉴재팬'의 움직임이 결코 범상하지 않다는 점을 동시에 상기시키고 싶었기 때문이다. 현재의 상황에서 일본은 서방세계라는 관점에서 보면(특히 군사외교적인 측면에서) 그들의 기대대로 매우 '책임 있는 국가'로 변신하여 국제사회에 '공헌'할 수 있는 형태로 등장하게 되겠지만, 아시아인의 입장에서 보면 이러한 '뉴재팬'의 모습이 상당히 위협적인 형태로 다가오고 있음을 느끼지 않을 수 없다.

일본의 변화가 또다시 우리에게 두려움의 형태로 다가올 수 있다는 것은 그만큼 우리의 대응책도 다양하게 강구되어야 한다는 것을 의미한다. 이 '불행한 사태'가 점차 가시화되어가고 있음에도 불구하고 우리의 실정은 과거나 현재나 여전히 일본의 변화에 능동적으로 대처할 수 있는 여건을 조성하고 있지 못하다. 필자는 이 점을 언제나 안타깝게 생각하는 바이나, 그래도 일본을 연구하는 '한국인' 연구자이기에 묵묵히 일본을 '응시'해야 한다는 '사명감'에 젖어들곤 한다. 이것이 일부의 사명감이 아닌 우리사회 전체의 '총의'로 나타날 때 우리는 진정 일본이 두려워하는 강대국이 될 수 있지 않겠는가. 필자의 문제의식이 불필요한 경계심으로 치부될지는 모르지만, 반드시 우리가 일본의 변화를 주시하며 대응해야 한다는 사실만은 우리의 영원한 명제임에 틀림없을 것이다. 이 점에서만은 진심으로 한국사회의 '동의'를 구하고 싶다.

참고문헌

김필동, 『근대일본의 출발』, 일본어뱅크, 1991.

＿＿＿＿, 『리액션의 예술 일본대중문화』, 도서출판 새움, 2001.

박진우, 「전후일본의 역사인식과 상징천황제」, 『日本歷史研究』 第8輯, 1998.

安部謹也, 『日本人の歷史認識』, 岩波新書, 2004.

天谷直広外, 『日本の潮流』, PHP研究所, 1993.

荒木昌保編, 『新聞が語る明治史』, 原書房, 1976.

イザヤ・ベンダサン, 『日本教について』, (山本七平訳) 文春文庫, 1975.

伊藤長正, 『集団主義の再発見』, ダイヤモンド社, 1969.

今井宇三郎外, 『水戸学』(日本思想大系), 岩波書店, 1973.

色川大吉編, 『三多摩自由民権資料集』(上・下), 三一書房, 1979.

色川大吉, 『明治の文化』, 岩波書店, 1970.

上山春平外, 『日本の思想』, サイマル出版会, 1971.

エズラ・F・ヴォゲル, 『Japan as No.1』, TBSブリタニカ, 1979.

緒方靖夫, 『「おくれた日本」と「すすんだ日本」』, 新日本出版社, 1994.

奥村宏, 『會社本意主義は崩れるか』, 岩波新書, 1992.

落合信彦, 『日本の常識を捨てろ』, 光文社, 1996.

加藤周一外, 『日本文化のかくれた形』, 岩波書店, 1991.

鹿野政直, 『「鳥島」は入っているか』, 岩波書店, 1988.

カレル・ブァン・ウォルフレン, 『人間を幸福にしない日本というシステム』, 毎日新聞社, 1994.

木村尚三郎, 『和魂和才のすすめ』, 角川文庫, 1983.

邦枝幸男, 『日本的人間性の研究』, リーベル出版, 1991.

栗原彬外, 『情報支配-天皇制というイデオロギー「装置」』, 軌跡

社, 1990.

渋沢敬三, 『明治文化史·社会経済』, 原書房, 1978.

埼玉県史刊行協議会, 『埼玉縣史·資料編21』, 1982.

田畑稔外, 『現代日本の教育イデオロギー』, 青弓社, 1983.

天皇報道研究会編, 『天皇とマスコム報道』, 三一新書, 1989.

中尾英俊, 『日本社會と法』, 日本評論社, 1994.

中曾根康弘, 『21世紀日本の国家戦略』, PHP研究所, 2000.

中野孝次, 『清貧の思想』, 草思社, 1992.

中根千枝, 『タテ社会の人間関係』, 講談社現代新書, 1967.

西平重喜, 『世論調査による同時代史』, あづま堂印刷, 1987.

芳賀登外, 『国学運動の思想』(日本思想大系), 岩波書店, 1971.

浜口恵俊, 『日本社会とは何か』, NHKブックス, 1998.

布川弘, 「都市『下層社会』の形成とナショナリズム」, 『日本史研究』353号, 1992.

藤原彰外, 『象徴天皇制とは何か』, 大月書店, 1988.

正村公宏, 『どこへ行く日本』, 東洋経済新報社, 1991.

松浦玲, 『横井小楠』, 朝日新聞社, 2000.

丸山眞男, 『日本の思想』, 岩波新書, 1961.

宮崎義一, 『複合不況』, 中公新書, 1992.

安丸良夫外, 『宗教と国家』(日本近代思想大系), 岩波書店, 1988.

安丸良夫, 『日本の近代化と民衆思想』, 青木書店, 1974.

_____, 『日本ナショナリズムの前夜』, 朝日出版社, 1977.

_____, 『現代日本思想論』, 岩波書店, 2003.

柳田國男, 『明治文化史·風俗編』, 洋々社, 1954.

_____, 『天皇死去前後』, 歴史科学協議会, 1989.

Peter Tasker, *The End of Japanese Golden Age?*, 講談社, 1992.

R.M. 토케이어, 이원호 옮김, 『일본병』, 탐구당, 1981.

일본의 정체성

| 펴낸날 | 초판 1쇄 2005년 7월 15일 |
| | 초판 5쇄 2016년 3월 2일 |

지은이	김필동
펴낸이	심만수
펴낸곳	(주)살림출판사
출판등록	1989년 11월 1일 제9-210호

주소	경기도 파주시 광인사길 30
전화	031-955-1350 팩스 031-624-1356
홈페이지	http://www.sallimbooks.com
이메일	book@sallimbooks.com

| ISBN | 978-89-522-0399-1 04080 |

089 커피 이야기 eBook

김성윤(조선일보 기자)

커피는 일상을 영위하는 데 꼭 필요한 현대인의 생필품이 되어 버렸다. 중독성 있는 향, 마실수록 감미로운 쓴맛, 각성효과, 마음의 평화까지 제공하는 커피. 이 책에서 저자는 커피의 발견에 얽힌 이야기를 통해 그 기원을 설명한다. 커피의 문화사뿐만 아니라 커피에 대한 일반적인 정보 및 오해에 대해서도 쉽고 재미있게 소개한다.

021 색채의 상징, 색채의 심리

박영수(테마역사문화연구원 원장)

색채의 상징을 과학적으로 설명한 책. 색채의 이면에 숨어 있는 과학적 원리를 깨우쳐 주고 색채가 인간의 심리에 어떤 작용을 하는지를 여러 가지 분야의 사례를 통해 설명한다. 저자는 색에는 나름대로의 독특한 상징이 숨어 있으며, 성격에 따라 선호하는 색채도 다르다고 말한다.

001 미국의 좌파와 우파 eBook

이주영(건국대 사학과 명예교수)

진보와 보수 세력의 변천사를 통해 미국의 정치와 사회 그리고 문화가 어떻게 형성되고 변해왔는지를 추적한 책. 건국 초기의 자유방임주의가 경제위기의 상황에서 진보-좌파 세력의 득세로 이어진 과정, 민주당과 공화당의 대립과 갈등, '제2의 미국혁명'으로 일컬어지는 극우파의 성장 배경 등이 자연스럽게 서술된다.

002 미국의 정체성 10가지 코드로 미국을 말하다 eBook

김형인(한국외대 연구교수)

개인주의, 자유의 예찬, 평등주의, 법치주의, 다문화주의, 청교도 정신, 개척 정신, 실용주의, 과학·기술에 대한 신뢰, 미래지향성과 직설적 표현 등 10가지 코드를 통해 미국인의 정체성과 신념을 추적한 책. 미국인의 가치관과 정신이 어떠한 과정을 통해서 형성되고 변천되어 왔는지를 보여 준다.

058 중국의 문화코드

강진석(한국외대 연구교수)

중국의 핵심적인 문화코드를 통해 중국인의 과거와 현재, 문명의 형성 배경과 다양한 문화 양상을 조명한 책. 이 책은 중국인의 대표적인 기질이 어떠한 역사적 맥락에서 형성되었는지 주목한다. 또한, 구체적이고 실제적인 여러 사물과 사례를 중심으로 중국인의 사유방식에 대해 설명해 주고 있다.

057 중국의 정체성　　eBook

강준영(한국외대 중국어과 교수)

중국, 중국인을 우리는 과연 어떻게 이해해야 하나? 우리 겨레의 역사와 직·간접적으로 끊임없이 영향을 주고받은 중국, 그러면서도 아직까지 그들의 속내를 자신 있게 말할 수 없는, 한편으로는 신비스럽고, 한편으로는 종잡을 수 없는 중국인에 대한 정체성을 명쾌하게 정리한 책.

015 오리엔탈리즘의 역사　　eBook

정진농(부산대 영문과 교수)

동양인에 대한 서양인의 오만한 사고와 의식에 준엄한 항의를 했던 에드워드 사이드의 오리엔탈리즘. 이 책은 에드워드 사이드의 이론 해설에 머무르지 않고 진정한 오리엔탈리즘의 출발점과 그 과정, 그리고 현재와 미래의 조망까지 아우른다. 또한 오리엔탈리즘이 사이드가 발굴해 낸 새로운 개념이 결코 아님을 역설한다.

186 일본의 정체성　　eBook

김필동(세명대 일어일문학과 교수)

일본인의 의식세계와 오늘의 일본을 만든 정신과 문화 등을 소개한 책. 일본인을 지배하는 이데올로기는 무엇이고 어떤 특징을 가지는지, 일본을 주목해야 하는 이유는 무엇인지 등이 서술된다. 일본인 행동양식의 특징과 토착적인 사상, 일본사회의 문화적 전통의 실체에 대한 분석을 통해 일본의 정체성을 체계적으로 살펴보고 있다.

261 노블레스 오블리주 세상을 비추는 기부의 역사

예종석(한양대 경영학과 교수)

프랑스어로 '높은 사회적 신분에 상응하는 도덕적 의무'를 뜻하는 노블레스 오블리주. 고대 그리스부터 현대까지 이어지고 있는 노블레스 오블리주의 역사 및 미국과 우리나라의 기부 문화를 살펴보고, 새로운 시대정신으로 노블레스 오블리주를 부활시킬 수 있는 가능성을 모색해 본다.

396 치명적인 금융위기, 왜 유독 대한민국인가 `eBook`

오형규(한국경제신문 논설위원)

이 책은 전 세계적인 금융 리스크의 증가 현상을 살펴보는 동시에 유달리 위기에 취약한 대한민국 경제의 문제를 진단한다. 금융안정망 구축 방안과 같은 실용적인 경제정책에서부터 개개인이 기억해야 할 대비법까지 제시해 주는 이 책을 통해 현대사회의 뉴노멀이 되어 버린 금융위기에서 살아남는 방법을 확인해 보자.

400 불안사회 대한민국, 복지가 해답인가 `eBook`

신광영 (중앙대 사회학과 교수)

대한민국 사회의 미래를 위해서 복지는 선택이 아니라 필수라고 말하는 책. 이를 위해 경제 위기, 사회해체, 저출산 고령화, 공동체 붕괴 등 불안사회 대한민국이 안고 있는 수많은 리스크를 진단한다. 저자는 사회적 위험에 대응하기 위한 복지 제도야말로 국민 모두의 삶의 질을 높일 수 있는 길이라는 것을 역설한다.

380 기후변화 이야기 `eBook`

이유진(녹색연합 기후에너지 정책위원)

이 책은 기후변화라는 위기의 시대를 살면서 우리가 알아야 할 기본지식을 소개한다. 저자는 기후변화와 관련된 핵심 쟁점들을 모두 정리하는 동시에 우리가 행동해야 할 실천적인 대안을 제시한다. 이를 통해 독자들은 기후변화 시대를 사는 우리가 무엇을 해야 할 것인지에 대하여 생각해 볼 수 있을 것이다.

eBook 표시가 되어있는 도서는 전자책으로 구매가 가능합니다.

㈜살림출판사
www.sallimbooks.com
주소 경기도 파주시 문발동 522-1 | 전화 031-955-1350 | 팩스 031-955-1355